Luise Abramowski
Drei christologische Untersuchungen

Luise Abramowski

Drei christologische Untersuchungen

Walter de Gruyter · Berlin · New York
1981

Beiheft zur Zeitschrift für die neutestamentliche Wissenschaft
und die Kunde der älteren Kirche

Herausgegeben von Eduard Lohse

Beiheft 45

CIP-Kurztitelaufnahme der Deutschen Bibliothek

Abramowski, Luise:
Drei christologische Untersuchungen / Luise Abramowski. –
Berlin ; New York : de Gruyter, 1981.
    (Beiheft zur Zeitschrift für die neutestamentliche Wissenschaft
    und die Kunde der älteren Kirche ; 45)
    ISBN 3-11-008500-3
NE: Zeitschrift für die neutestamentliche Wissenschaft und die
Kunde der älteren Kirche / Beiheft

1981

by Walter de Gruyter & Co., vormals G. J. Göschen'sche Verlagshandlung – J. Guttentag,
Verlagsbuchhandlung – Georg Reimer – Karl J. Trübner – Veit & Comp., Berlin 30
Printed in Germany
Druck: Rotaprintdruck Werner Hildebrand, Berlin 65
Bindearbeiten: Lüderitz & Bauer, Berlin 61

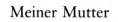

Meiner Mutter

VORWORT

Die hier vorgelegten Untersuchungen setzen sehr punktuell
bei der philologisch-theologischen crux eines zentralen christologischen Textes des Neuen Testaments ein, wenden sich dann
der Analyse eines literarisch und religionsgeschichtlich außerordentlich vielschichtigen Textkomplexes aus der christlichen Gnosis zu und gewinnen schließlich einen Überblick über
Geschichte, theologische Motivation und Bedeutung eines Be-
reiches der "technischen" Terminologie, die in Trinitätslehre
und Christologie seit Tertullian Verwendung fand und durch
die Definition des Konzils von Chalcedon 451 berühmt geworden
ist.

Die Deutung und Neuübersetzung des "Raubes" von Phil. 2,6
mit Hilfe eines Fragments der "Chaldäischen Orakel" ermöglicht ein vertieftes Verständnis der Kenose, von der der Hymnus spricht. Für den Leser mühsam nachzuvollziehen ist die
Analyse des gnostischen Sonderguts bei Hippolyt. Aber die Unterscheidung des Redaktors dieses Sonderguts samt seiner gnostischen Logostheologie von den Quellen, die er verarbeitet,
ist eine bisher nicht genügend beachtete Voraussetzung u. a.
für die Erforschung der sethianischen und naassenischen Gnosis, welche eins der Hauptthemen des Gnosiskongresses in Yale 1978 war. Die vom Redaktor bearbeiteten Quellen sind nicht
nur für die Geschichte der Gnosis, sondern auch für die Geschichte der Philosophie von Interesse; und der ganze Komplex, Quellen wie Verarbeitung, stellt eine Brücke her zwischen den gnostischen Gruppen aus der Mitte des zweiten Jahrhunderts und den gnostischen Christen im Rom des dritten Jahrhunderts, die philosophisch so interessiert waren, daß der
große Plotin sich mit ihnen befaßte. Für die weitere Gnosis-
forschung wird es darauf ankommen, die Gewichte auf das gnostische Material, wie wir es aus den Kirchenvätern kennen und
wie es in den Funden von Nag Hammadi zutage getreten ist, angemessener als bisher vielfach zu verteilen.

Während der erste und der dritte Aufsatz vorführen, wie
fundamentale Aussagen der christlichen Verkündigung und Theologie mit Hilfe zeitgenössischen philosophischen Vokabulars
artikuliert werden, kann man den christlich-gnostischen Redaktor bei seiner Tätigkeit bewußter Christianisierung oder
doch Verstärkung des christlichen Charakters seiner Texte beobachten. Für ein Urteil über das Verhältnis von Christentum
und Hellenismus z. B. aus Anlaß der Formel von Chalcedon sollte bedacht werden, welche der beiden Verfahrensweisen das
theologische Recht auf ihrer Seite hat und was der Maßstab
dafür zu sein hätte.

Für die technische Herstellung der Druckvorlage habe ich
meinem Assistenten, Dr. Hanns Christof Brennecke, zu danken.
Für den Druckkostenzuschuß, von dem der Verlag nicht abzuse-
hen können glaubte, bin ich selber aufgekommen.

INHALTSVERZEICHNIS

PHIL. 2,6 ΟΥΧ ΑΡΠΑΓΜΟΝ ΗΓΗΣΑΤΟ ΤΟ ΕΙΝΑΙ ΙΣΑ ΘΕΩ UND ORACULA
CHALDAICA 3 (DES PLACES) Ο ΠΑΤΗΡ ΗΡΠΑΣΣΕΝ ΕΑΥΤΟΝ

Wenn man bei der Lektüre der chaldäischen Orakel in der neuen
Ausgabe von E. des Places[1] auf das dritte Fragment stößt,
wundert man sich, warum es nicht für die doch bisher so unbe-
friedigenden Erklärungen des "Raubes" von Phil.2,6 herangezogen worden ist.

Der Text (erhalten im Kommentar des Byzantiners Michael
Psellus) lautet: ... ὁ πατὴρ ἥρπασσεν ἑαυτόν,
οὐδ' ἐν ἑῇ δυνάμει νοερᾷ κλείσας ἴδιον πῦρ.

In der Übersetzung von des Places heißt das:"... Le Père s'
est soustrait lui-même, sans même inclure dans sa Puissance
intellective le feu qui lui est propre." Die alte Ausgabe von
W. Kroll[2] paraphrasiert die zweite Zeile, gibt aber die erste
wörtlich wieder: Pater se eripit[3]. Zur Kommentierung verweist
des Places auf Festugière, Lewy, Hadot (so in chronologischer
Reihenfolge). Außerdem stellt er eine "ergänzende Anmerkung"
(p. 124) zusammen, sie schließt sich an das letzte Wort ("ei-
genes Feuer") des Zitats an: "'C'est-à-dire son essence propre
de Dieu suprême' (Festugière[4],IV, p. 132). La 'Puissance du
Père' est identique au Dieu Fils (id., III, p.54, n.2); 'le
Premier Dieu[5] est purement Père, caché en lui-même, et de ce
fait, inconnaissable' (Ibid., p. 54); 'il s'est ravi en lui
même, sans rien communiquer de ses propriétés de Père même au

---

1 Oracles chaldaïques, avec un choix de commentaires anciens ed. trad.
  É. des Places (Coll. Univ. France), Paris 1971. - Die Orakel stammen
  aus der zweiten Hälfte des 2. Jahrhunderts.
2 G. Kroll, De oraculis chaldaicis (Breslauer philolog. Abhandlungen VII
  1), Breslau 1894.
3 l.c. p. 12.
4 A.-J. Festugière, La révélation d'Hermès Trismégiste. Band III, Paris
  1953; Band IV, Paris 1954.
5 "Erster Gott" und weiter unten "zweiter Gott" sind termini des Numenius
  und nicht der Orakel selber; Numenius und die Orakelverfasser sind Zeitgenossen und werden von Festugière zur Kommentierung der z.T. ebenfalls
  zeitgenössischen Hermetica herangezogen.

Dieu Second' (Ibid., IV, p. 272, n. 7). Ἁρπάζειν est un équi-
valent poétique de χωρίζειν, ἐξαιρετν, διαιρεῖν (Lewy[6], p.78,
n. 45)."

Ich lasse Lewys Kommentierung und Vergleichsmaterial folgen.
Es zeigt sich, daß des Place's "s'est soustrait" wörtliche
Wiedergabe von Lewys "withdrawn" ist. Lewy p. 78 f.: "The Supreme Being is said to be 'withdrawn' from the inferior en-
tities[7]; but[8] He 'does not enclose His Fire in His Power';
that is to say the personality of the 'Father' remains transcendent, but His action unfolds itself through His Power. Power, δύναμις, is the sum of the noetic potencies included in
the Supreme God; and as these fill the whole Empyrean, the
term is also used to designate the mundus intelligibilis. The
'Father' himself has no direct activity; He uses intermedia-
ries." Dazu aus Anm. 45: (Das Zitat bei Psellus) "misinterpre-
ted by Kroll[9], is to be translated: 'The Father rapted himself away, but did not enclose His own Fire in His noetic Power". "As for ἁρπάζειν (a poetical equivalent of χωρίζειν,
διαιρεῖν, ἐξαιρετν; cf. Procl. Parm. 628,10 f. 620,22 f.
1070,4 f.　14 f. [..]) cf. Anon. Taur[10]. IX 1 (Kroll 12): οἱ
δὲ (later Neoplatonists who referred to the Chaldaean Oracles[11]) »ἁρπάσαι ἑαυτόν« ἐκ πάντων τοῦ ἑαυτοῦ εἰπόντες [..] .
Proclus often uses the Chaldaean expression ἁρπάζειν in order
to qualify the transcendental character of the Supreme Being[12];
cf. the passages quoted by Kroll 12: Parm. 628,11. 1067,3.
Th. Pl. 270,8. Exc. Vat. 194,29. Crat. 58,8. In one passage

6　H. Lewy, Chaldaean Oracles and theurgy. Mysticism, magic and platonism
　　in the later Roman Empire (Rech. d'Arch., de Philologie et d'Hist.
　　XIII), Kairo 1956. Neuausgabe Paris 1978 besorgt von M. Tardieu, mit
　　Anhängen von Tardieu, Dodds, Hadot.
7　Meine Unterstreichung.
8　Dieses "aber" erscheint auch weiter unten in der wörtlichen Überset-
　　zung, die Lewy von Frg. 3 gibt; doch trifft es den Sinn nicht ganz.
　　des Places übersetzt richtiger mit "sans même": "indem er nicht ein-
　　mal".
9　Kroll paraphrasiert p.12: Pater se eripit propriumque ignem, quo na-
　　tura sua continetur, penes se retinens ne menti quidem suae tradit.
10 Der Anonymus Taurinensis ist ein neuplatonischer Parmenideskommentar.
　　Über neuere Zuschreibungen und Hadots Neuausgabe s. u.
11 Diese Erklärung von οἱ δέ durch Lewy ist nicht zutreffend, s.u.
12 Meine Unterstreichung.

(Parm. 1071,2) he ventures to form the neologism ὑπερήρπασται[13], analogous to ὑπερήνωται ...".

Die Überprüfung der Stellenangaben zu ἁρπάζειν und seinen Synonymen (das ist oben die erste Gruppe) ergibt Folgendes. Zwischen Procl. Parm[14]. 628,10 f. und 620,22 f. hat schon der Herausgeber Cousin die Querverweise hergestellt, sie belegen die Synonymie von ἁρπάζειν und χωρίζειν: p. 628,10 f. (über den νοῦς μετεχόμενος[15] διὸ καὶ αὐτὸς ἀπὸ τοῦ πλήθους ἁρπάζειν ἑαυτὸν ἐπείγεται πρὸς τὸ ἓν ὄν, indem er den νοῦς vor ihm nachahmt; p. 620,22 f. (Ziel der θεωρία: το ἓν ὄν) χωρίζειν δὲ ἑαυτὸν τοῦ πλήθους ἐπιβουλόμενος. Aber 628,10 zeigt auch, daß Proclus das "Sich Zurückziehen" als Ausdruck der Transzendenz nicht auf das Allerhöchste Wesen beschränkt, welches bei ihm das "Eine" ist und in der Welt des Göttlichen dem "Vater" der Orakel entspricht[16]. Das erste der beiden folgenden Zitate bestätigt das; sprachlich belegen sie die Synonymie von χωρίζειν und ἐξαιρεῖν im gleichen sachlichen Zusammenhang (διαιρεῖν wird durch keine der vier Stellen geboten). p. 1070,4-6 ὁ εἷς ἀμέθεκτος νοῦς, ὁ χωριστὸς καὶ ἐν ἑαυτῷ διαιωνίως ἱδρυμένος καὶ συνέχων ἄνωθεν πᾶσαν τὴν νοερὰν οὐσίαν. Zeile 13-15 (jenseits von allem) τὸ ἀμέθεκτόν ἐστιν ἕν, πάντων, ὥσπερ εἴρεται, τῶν θείων διακόσμων ἐξῃρημένον[17].

Die zweite Gruppe von Stellen über ἁρπάζειν und das Allerhöchste Wesen bei Proclus hatte Lewy von Kroll übernommen. Die erste Passage, Parm. 628,11, brauchen wir hier nicht noch einmal zu zitieren, da sie oben schon erschien; wie wir sahen, betrifft sie auch nicht "the Supreme Being", sondern den νοῦς μετεχόμενος. Die übrigen Stellen reden in der Tat vom Allerhöchsten Wesen, die gleich folgende aus dem Parmenides-Kommentar verwendet ἁρπάζειν und ἐξαιρεῖν in wünschenswerter

---

13 Cf. dazu unten das Zitat aus den bisher sogenannten Excerpta Vaticana, wo dieselbe Neubildung neben einer ausführlichen Anspielung auf Frg. 3 zu finden ist, die auch die zweite Zeile des Fragments einbezieht.
14 Proclus, In Parmenidem, ed. V. Cousin, Paris 1864[2].
15 Über die Trias ἀμέθεκτον - μετεχόμενον - μετέχον siehe E. R. Dodds, Proclus, The Elements of Theology, Oxford 1963[2], p. 210 ff.
16 Über die Schwierigkeit, den Platz des "Vaters" im obersten göttlichen Bereich der proklischen Seinshierarchie zu bestimmen, s. u.
17 Es wird sich unten zeigen, daß das letzte Partizip in diesem Zitat eher mit "überentrückt" zusammenzustellen ist.

Weise im gleichen Satz. Parm. p. 1067,1-4 (über das πρώτιστον
ἕν) πάντων μόνως ἐστι καὶ ἀσύντακτον πρὸς τὰ ἄλλα πάντα, καὶ
ἀμέθεκτον, φασὶν, αὐτὸ ἁρπᾶσαν πρὸς τῶν ὅλων, καὶ ἄγνωστον
τοῖς πᾶσιν ἐξῃρημένον. Theol. Plat[18]. p. 270,8 f. (über den
"ersten Vater" καὶ ἁρπάζων ἑαυτὸν ἀπὸ τῆς παντοίας διακράσεως.
Crat[19]. p. 58,7 f. (über Kronos) ἐν ἑαυτῷ μονίμως ἱδρυμένος[20]
καὶ ἀφ' ὅλων τῶν δευτέρων ἁρπάσας ἑαυτόν.

Ehe wir uns mit der Stelle aus den Excerpta Vaticana befas-
sen, die Kroll/Lewy unter den Belegen aufführen, schalten wir
eine Anspielung auf Frg. 3 aus dem Timäuskommentar des Proklus
ein, die Festugière zweimal besprochen hat, nämlich Tim[21]. I,
p. 302,1-4 τοῦτο γάρ ἐστιν ἡ εὕρεσις, τὸ ἐντυχεῖν αὐτῷ, τὸ
ἐνωθῆναι, τὸ μόνην μόνῳ συγγενέσθαι, τὸ τῆς αὐτοφανείας ταύ-
της τυχεῖν, ἀπὸ πάσης ἄλλης ἐνεργείας εἰς ἐκεῖνον ἁρπάσασαν
ἑαυτήν (sc. ψυχήν, cf. p. 301,22 f.). Festugière bringt im Anhang von "La révélation" Band IV ein paar Seiten aus dem Kommentar in Übersetzung. Er verweist auf die Orakelstelle, "mais
dans les Oracles, c'est le Dieu Père qui ἥρπασσεν ἑαυτόν, c'
est-à-dire s'est ravi en lui-même, sans rien communiquer de
ses propriétés de Père même au Dieu second[22]." Der Herausgeber Diehl hatte die Anspielung im griechischen Text durch
Sperrung hervorgehoben; Diehls Index ergibt, daß dies die
einzige Gelegenheit im Timäuskommentar ist, wo "sich selbst
entrücken" vorkommt. Inzwischen hat Festugière den ganzen Kommentar übersetzt und erklärt[23]. Seine Anmerkung zur gleichen
Zeile lautet jetzt: "C'est le thème de la ψυγή, cf. in Alcib.
245,6 ss. Westerink. Malgré Diehl, sans rapport avec Or. Chald.
p, 12 Kroll, où c'est le Dieu Père qui ἥρπασσεν ἑαυτόν[24]."
Aber, malgré Festugière, hat Diehl Recht damit, in dem refle-

---

18 Proclus, Theologia platonica, ed. Ae. Portus, Hamburg 1618. Die Neuausgabe von Saffrey/Westerink (bisher drei Bände von sechs, Paris 1968 -
   1978) ist noch nicht soweit vorgerückt.
19 Proclus, In Platonis Cratylum commentaria, ed. G. Pasquali, Leipzig 1908
20 Cf. oben das Zitat aus dem Parmenideskommentar p. 1070, wo der Ausdruck
   vom ἀμέθεκτος νοῦς gebraucht wird.
21 Proclus, In Platonis Timaeum commentaria I - III ed. E. Diehl, Leipzig
   1903 - 1906.
22 Festugière, Révélation IV, p. 272 n. 7.
23 Proclus, Commentaire sur le Timée, trad. A.-J. Festugière. 5 Bände,
   Paris 1966 - 1968.
24 Ibid. II, p. 154 n. 8.

xiv gebrauchten Verb die "chaldäische" Vokabel zu sehen; doch
auch Festugière empfindet richtig den Abstand zu Frg. 3. Zwar
muß man bedenken, daß Proklus bereits eine Ausdehnung des Gebrauchs vorgenommen hat, indem er die verschiedenen Partizi-
pationsstufen des νοῦς einbezog; aber damit bleibt er immer
noch im Bereich der ersten Prinzipien, wogegen es sich hier
um das Streben der menschlichen Einzelseele nach Erkenntnis
des Höchsten handelt. Zur Erklärung dieser Merkwürdigkeit gelangt man, wenn man Plotins Versuch einer Beschreibung der
Schau des Einen heranzieht, Enn. VI 9,11[25]. Plotin nähert sich
dem eigentlich nicht Aussagbaren durch Vergleiche; der Zustand
des Schauenden ist ὥσπερ ἁρπασθεὶς ἢ ἐνθουσιάσας, "wie der
eines Entrückten oder Verzückten". Was Plotin hier hilfswei-
se mit "entrücken" (verstanden im gewöhnlichen religiösen
Sinn) begreiflich machen will, hat offensichtlich Proclus veranlaßt, an den plotinischen Wortlaut anknüpfend das "chaldäische" Verb einzusetzen, indem er es aber nun nicht als rei-
nen Vergleich betrachtet, sondern als angemessene Beschreibung
des Vorgangs - er überträgt das in den transzendentalen Bereich übertragene Wort wieder nach "unten". Ohne den verbalen
Anhaltspunkt bei Plotin hätte er das vermutlich nicht getan
- das Ganze ist ein hübsches Beispiel "chaldäischer" Interpretation Plotins durch Proclus.

Der Ausweitung in der Anwendung der "chaldäischen" Phrase
entspricht andererseits und bezeichnenderweise das Bedürfnis,
das Eigentliche Eine durch äußerste transzendierende Anstren-
gung auch des sprachlichen Ausdrucks von allem abzuheben, was
am Eins-Sein teilhat, um klarzustellen, daß das Eine nicht
einmal in den höchsten geistigen Prinzipien aufgeht. Also wird
auch für das chaldäische ἁρπάζειν ἑαυτόν eine Steigerungsform
gebildet: ὑπεραρπάζειν. Es hätte von der Sache her gewiß viel
näher gelegen, die Form der Orakelaussage als ungeeignet und
uneigentlich überhaupt zu verwerfen. Daß statt dessen eine
Steigerungsform gewählt wird, zeigt den fundamentalen Tradi-
tionalismus der proklischen Philosophie im Allgemeinen und die
unerschütterliche Autorität der Orakel im Besonderen. Die von

---

25 Über dieses Kapitel unten n. 63.

den Spezialisten oben als Beleg für die Benutzung von Frg. 3
für das <u>höchste</u> Wesen angegebene Stelle aus den Excerpta Vaticana des Proclus ist vielmehr gerade ein Beispiel für eine
<u>relativierende</u> Verwendung im Interesse von Transzendierung.
(Die Excerpta Vaticana findet man jetzt in der Orakel-Ausgabe
von des Places unter dem Titel: Proclus, Extraits du Commentaire sur la philosophie chaldaïque). Wenn man für die Erkenntnis des höchsten νοῦς schon die "Blüte" unseres νοῦς brauche,
wie solle man sich mit dem Einen vereinigen, ὅ ἐστιν ἀσύντακτον πρὸς πάντα καὶ ἀμέθεκτον, fragt Proclus (p. 210,12-15 des
Places) und fährt fort (15-19) εἰ γὰρ ὁ πρῶτος ≫Πατήρ≪ ἁρπάζειν ≫ἑαυτὸν≪ λέγεται τοῦ νοῦ καὶ τῆς ≫δυνάμεως≪ , τίς ὁ μηδὲ
οὕτως ἁρπάσαι δεηθεὶς ἑαυτόν, ἀλλ' ὑπερηρπασμένος ἀπὸ πάντων
ἁπλῶς καὶ θεὸς πάντων ὑμνούμενος[26];
Hier wird das Eine also über die oberste Wesenheit der Orakel
hinausgehoben, es "bedarf der Selbstentrückung nicht", wogegen ja oben das chaldäische Verb auch vom "ersten Einen" ausgesagt werden konnte. ὑπεραρπάζειν erscheint auch einmal im
Parmenides-Kommentar, wo der gedankliche Zusammenhang genau
der gleiche ist, p. 1070,22 - 1071,3 ὁ δὲ πρῶτος θεὸς διὰ τῆς
πρώτης ὑποθέσεως[27] ὑμνούμενος οὔτε πατήρ, ἀλλὰ κρείττων καὶ
πάσης τῆς πατρικῆς θεότητος. Ἐκεῖνος μὲν γὰρ ἀντιδιήρεται
πρὸς τὴν δύναμιν καὶ τὸν νοῦν, ὃν λέγεται πατήρ[28], καὶ συμπλη-
ροῖ τριάδα μίαν μετ' ἐκείνων· οὗτος δὲ ὁ πρῶτος ὄντως θεὸς
ἐξῄρηται[29] πάσης πρὸς πάντα καὶ ἀντιδιαιρέσεως καὶ συντάξεως,
οὔτε πολλῷ πλέον νοητὸς πατήρ. Οὐδενὸς γάρ ἐστι τῶν δευτέρων,
οὐδὲ μεθεκτὸς ὅλος ἐστίν, οὔτ' ὢν ὑπὸ νοερὰν οὔτε ὑπὸ νοητὴν
οὐσίαν, ἀλλ' ὑπερήνωται μὲν πασῶν τῶν μετεχομένων ἑνάδων,
ὑπερήρπασται δὲ πασῶν τῶν τοῦ ὄντος προόδων. Des Places merkt
zur Passage aus dem Orakel-Kommentar einige Zeilen weiter an:
"Ce passage distingue le Père des intelligibles et l'Un su-

---

26 Für dieses Partizip cf. das nächste Zitat.
27 Die "erste Hypothese" des Parmenides.
28 Offensichtliche Anspielung auf Frg. 3 (cf. das vorige Zitat), daher
   überhaupt ὑπεραρπάζειν in der letzten Zeile, welches das hier gar
   nicht zitierte ἁρπάζειν von Frg. 3 assoziiert.
29 ἐξαιρεῖν ist hier synonym mit ὑπεραρπάζειν. Das Zitat oben bei n. 17
   ist zu vergleichen.

prême, ailleurs peut-être identifiés[30]." Der von uns vorge-
führte Befund scheint das Fehlen völliger Eindeutigkeit zu
bestätigen. Das Problem, ob man den höchsten Gott als die erste Größe der ersten Trias betrachten sollte oder nicht, war
von Porphyrius einerseits und Jamblichus samt seinen Nachfol-
gern andererseits verschieden gelöst worden: Jamblichus rückt
das Eine über die Trias[31].

In eine Diskussion über die Relation des Ersten zum zweiten
und dritten Prinzip und über seine Bezeichnung als das "Eine"
gehört auch der Verweis auf Frg. 3 der Orakel als eine mögliche Auffassung des Problems im Anonymus Taurinensis (s. o.
Lewy, der nach Krolls Ausgabe zitiert). Diese anonymen Reste
eines Parmenides-Kommentars wurden von R. Beutler 1951 dem
Plutarch von Athen (Lehrer des Proclus, gest. 431/2) zugeschrieben[32], während sie neuerdings P. Hadot in seiner Vic-
torinus-Monographie von 1968 dem Porphyrius zuweist[33] und sie
mit reichen Anmerkungen neu ediert[34]. Die relativ detachierte
Haltung des Verfassers zu den Orakeln verwertet Hadot im Sinne
seiner Frühdatierung: der Verfasser "fait allusion en effet
à la théologie des Oracles chaldaïques, mais il ajoute: 'D'une
certaine manière, ces choses sont dites avec exactitude et
vérité, s'il est vrai - à ce que disent ceux qui rapportent
cette tradition - que ce sont les dieux qui les ont révélées'.
Notre commentateur prend donc ses distances à l'égard des Oracles: il ne nie pas leur origine divine, mais il n'en est pas
absolument certain. Une telle attitude ne se recontre pas chez
les néoplatoniciens postérieurs à Jamblique: ils considèrent
en effet ces Oracles comme des véritables Écritures inspi-
rées[35]." Die Anspielung auf den Orakeltext lautet: οἱ δὲ[36]

---

30 des Places p. 226 oben.
31 des Places, zu Orakel-Frg. 11.
32 R. Beutler, Art. "Plutarch von Athen", PWK XXI col. 974 f.
33 P. Hadot, Porphyre et Victorinus, Paris 1968, I p. 107 ff.
34 idem II p. 64 - 113. - Im "Kleinen Pauly", Band IV 1972, hat H. Dörrie
   im Art. "Porphyrios" col. 1066 den Parmeneskommentar des P. noch als
   zu den verlorenen Schriften gehörig bezeichnet. Dagegen ist im Art.
   "Plutarchos 3" desselben Verfassers Hadots neue These schon registriert.
35 Hadot I p. 107.
36 Von der Meinung der οἱ μέν ist leider nur noch erhalten: ... μὴ οὖσας
   τίκτει ἐν ἑαυτῷ.

ἁρπάσαι ἑαυτὸν ἐκ πάντων τῶν ἑαυτοῦ εἰπόντες δύναμίν τε αὐτῷ διδόασι καὶ νοῦν ἐν τῇ ἁπλότητι αὐτοῦ συνηνῶσθαι καὶ ἄλλον πάλιν νοῦν καὶ τῆς τριάδος[37] αὐτὸν οὐκ ἐξελόντες ἀναιρεῖν ἀριθμὸν ἀξιοῦσιν, ὡς καὶ τὸ ἕν λέγειν αὐτὸν εἶναι παντελῶς παραιτεῖσθαι[38]. ἁρπάζειν übersetzt Hadot mit "dérober", das sehr passend sowohl "entwenden, stehlen" wie übertragen "(den Blikken) entziehen" heißt und der Grundbedeutung von ἁρπάζειν aufs Beste entspricht. Dementsprechend übersetzt Hadot auch Frg. 3 selbst: "Le Père s'est dérobé lui-même et il n'a pas enfermé son propre feu dans sa puissance noétique[39]." "S'est dérobé" ist ein gutes Synonym zu Lewys "withdrawn" und des Places' "s' est soustrait". Diese drei Übersetzungen geben den Sinn der übertragenen Anwendung von ἁρπάζειν = "entrücken" wieder, die ihrerseits eine Übertragung der Grundbedeutung "rauben" ist.

Die normale religiöse Bedeutung von "entrücken" betrifft einen Menschen, der durch ein göttliches agens an einen anderen Ort versetzt wird, dieser "Ort" ist vor allem der Bereich des Göttlichen[40]. In Frg. 3 der Orakel befindet sich der "Entrückte" im göttlichen Bereich; da es sich um den höchsten

---

37 καὶ ἄλλον πάλιν νοῦν: dieser "wiederum andere νοῦς" (der τεχνίτης aus Frg. 5 der Orakel) stört in der innerväterlichen Trinität (der "ersten Triade") von Vater, δύναμις, νοῦς. Hadot II p. 93 n. 1: "comme le remarque W. Theiler, Die chaldäischen Orakel, p. 7, n. 3, le texte de notre ms. présente une difficulté: on ne voit pas bien la place grammaticale de ἄλλον ... νοῦν." Die vier Wörter sind m. E. eine Glosse. - Die Relation der beiden Triaden zueinander (wobei die Angehörigen der zweiten Triade abgesehen vom zweiten νοῦς nicht recht deutlich werden) erinnert an die komplizierte Trinität des Arius: der eigentliche Logos und die eigentliche Sophia sind im Vater; als vom Vater Geschaffene (also außerhalb seiner) haben Logos und Geist ihre Bezeichnungen nur noch uneigentlich und sind bis auf den obersten Rang der Geschöpfe heruntergeordnet.

38 Hadot II p. 93 n. 3: "Les Oracles, selon notre commentateur, refusent donc même la dénomination d'Un, pour désigner le Père, parce qu'elle implique encore l'idée de nombre. Cette affirmation semble contredire d'autres témoignages ... Comme Porphyre lui-même ... les Oracles juxtaposaient peut-être l'affirmation et la négation de la notion d'Un." - Die Problematik des Zählens als Gefährdung von Einheit, die Relation von Eins und Drei, das addierende und subordinierende Zählen werden in der Phase des dialektischen Ausgleichs zwischen Ein- und Drei-Hypostasen-Trinitätslehre zwischen den großen kappadocischen Theologen und Eunomius diskutiert werden; alle Beteiligten kennen die zeitgenössische Philosophie.

39 Hadot II p.91 n. 1.

40 Siehe E. Rohde, Psyche, Tübingen 1897² etc., p. 70 ff.; 375 ff.; ἁρπά-

Gott selber handelt, war ein anderes göttliches agens als er
selber unvorstellbar, also konnte er sich nur "selbst" "entrückt" haben. Das Interesse am Gebrauch des Verbs in der hier
theologisch notwendig reflexiven Form liegt im Gewinn eines
Abstands von weiterer Transzendenz gegenüber der eigenen δύναμις, durch die der Vater wirkt. Um Lewy noch einmal zu zitieren: "The personality of the 'Father' remains transcendent,
but His action unfolds itself through His Power. ... The 'Father' himself has no direct activity; He uses intermedia-
ries[41]." Einzigartig wie dieser Gebrauch von ἁρπάζειν ist (er
muß zu den Eigentümlichkeiten "chaldäischer" Sprache gezählt
werden), so hat doch keiner der alten Kommentatoren irgendwel-
che Schwierigkeiten mit seinem Verständnis; der Sinn ergab
sich aus der Übertragung auf den höchsten Seinsbereich von
selber.

Meine These ist nun, daß wir im ἁρπαγμός von Phil. 2,6 einen zweiten Beleg für diese überaus seltene übertragene Verwendung von ἁρπάζειν = "entrücken" als Ausdruck für das "Zu-
standekommen" eines tatsächlich immer schon bestehenden transzendentalen Abstands besitzen. Im neutestamentlichen Text wird
der Ausdruck nicht vom höchsten Gott benutzt, sondern vom
Gottgleichen; sowohl nach dem "chaldäischen" Schema[42] wie nach
ntlicher Ausdrucksweise[43] wäre er δύναμις, d.h. die wirkende
Kraft des Vaters, ihm eignet also nicht jene exklusive Transzendenz des "chaldäischen" "Vaters". Sein Gottgleichsein bedeutet trotzdem einen himmelweiten Abstand zu den Erlösungs-
bedürftigen - in jener in eine höhere Potenz gehobenen religiösen Sprache ein "Entrücktsein", eben ἁρπαγμός. Dies bedeutet selbstverständlich nicht, daß er zum Gottgleichsein zunächst entrückt worden wäre, um dann wieder herabzusteigen,
um schließlich aufs neue erhöht zu werden. Wenn meine Deutung
richtig ist, läge in der schwierigen Vokabel ein weiterer Hin-

---

ζειν ist eine von mehreren zur Verfügung stehenden Vokabeln. - Für das
NT siehe Bauers Wörterbuch s.v.
41 Lewy p. 78 f.
42 Damit ist nicht gesagt, daß dieses vollständig samt seinen theurgi-
schen Implikationen um reichlich hundert Jahre zurückzuprojizieren
wäre.
43 1. Kor. 1,24.

weis dafür vor, daß dieser Teil des Hymnus nicht von Paulus
stammen kann, denn Paulus redet vom Entrücken, wie es den Menschen (ihn selber z.B.) betrifft.

"Er hielt das Gottgleichsein nicht für ein Entrücktsein" in
einem durch den Grad seiner Göttlichkeit gegebenem Abstand,
auf seinem festen Platz in der Hierarchie des Irdischen und
Überirdischen. Er überwindet den Abstand, aber nicht so, wie
er es qua δύναμις von seinem Platz in Gottesnähe aus könnte,
sondern auf eine ganz andere, radikale Weise: er gibt diesen
Platz im göttlichen Bereich und damit sein Wesen vollständig
auf[44]. "Er machte sich leer" - wovon[45]? Die Antwort kann nur
lauten: von seiner δύναμις (so daß Luthers Paraphrase von Phil.
2,6 f. im Weihnachtslied[46] auch von der ursprünglichen Gedan-

---

44 J. Gnilka, Der Phlipperbrief (Herders Theol. Komm. z. NT X 3), Freiburg
   etc. 1968 (dieser Kommentar ist als Standardwerk im Folgenden benutzt,
   die darin zusammengefaßte Forschung wird vorausgesetzt), p. 118 richtig:
   "Der Gegensatz, der die VV 6 und 7 bestimmt, läßt nur die Antwort zu:
   Er gab auf, was er besaß, Gott wurde Mensch! Die Trennung, die zwischen
   der Welt Gottes und der der Menschen existiert, konnte nur durch diesen
   Schritt überbrückt werden." Aber drei Sätze weiter lehnt Gnilka A.
   Friedrichsens (1931) Erklärung des κενοῦν ab, p. 119: "Daß hier etwa
   auf Christi Stellung im Geisterreich, die er dann aufgegeben hätte,
   verwiesen sei, ist reine Vermutung, die zudem zu VV 10 f. im Wider-
   spruch steht, denn dort wird er ja erst über die Mächte gestellt." Dies
   letztere ist kein Argument: ganz gleich, ob der zweite Teil des Hymnus
   von vornherein zum ersten Teil gehörte oder beide verschiedener Herkunft sind: die Erhöhung zum κύριος über alle Mächte setzt nur voraus,
   daß der Irdische eben noch nicht Herr war. Mit der "Stellung im Geisterreich" hat Friedrichsen im Bereich des Überirdischen allerdings
   viele Stufen zu niedrig gegriffen.
45 Bauers Wörterbuch s.v. κενοῦν bezieht offensichtlich das "leermachen"
   auf die μορφή: "berauben, entblößen" (meine Unterstreichung) "von
   Christus, der die göttliche Daseinsform" (meine Unterstreichung)"auf-
   gab u. Sklavengestalt annahm, ἑαυτὸν ἐκένωσεν er entäußerte sich selbst
   Phil. 2,7". Bauer übernimmt damit Luthers Übersetzung, aber wie Luther
   das Entäußern verstand, geht aus der nächsten Anmerkung hervor. - Gnilka p. 118: " Das unscharfe ἑαυτὸν ἐκένωσεν gab zu vielerlei Interpretationen Anlaß." p. 118 f.: "Vor Spekulationen über das κενοῦν, dessen
   Grundbedeutung 'sich entleeren' ist, sollte man sich hüten" (hier folgt
   der in der vorigen Anmerkung zitierte Tadel an Friedrichsen). Mir
   scheint, daß ἑαυτὸν ἐκένωσεν nicht so sehr unscharf ist als vielmehr
   elliptisch und richtig ergänzt werden muß.
46 Im Lied "Lobt Gott, ihr Christen alle gleich": "Er (ent-) äußert sich
   all seiner Gwalt, wird niedrig und gering und nimmt an sich eins Knechts
   Gestalt, der Schöpfer aller Ding." - Mein Kollege E. L. Grasmück macht
   mich auf die Auslegung von Phil. 2,7 im Ambrosiaster aufmerksam, wo
   ebenfalls "Leermachen" von δύναμις verstanden wird. Aber der dogmen-
   geschichtlichen Entwicklung entsprechend ist es dem Kommentator nicht
   mehr möglich zu sagen, daß Christus seine δύναμις aufgibt, sondern er

kenwelt dieses Hymnenteils her sachgemäß ist). Es wird hier
also nicht von einem bloßen Gestaltwandel[47] eines Gottes berichtet, sondern von Übernahme der menschlichen Seinsweise in
jeder Hinsicht, "innen" und "außen", in Wirkungsmöglichkeit
und Erscheinungsweise. D.h. die Gottesgestalt mit ihrer Wirkungsmöglichkeit im Kosmos[48] wird zur Sklavengestalt, die keine δύναμις über andere hat, sondern ihrerseits vielmehr den
"Mächten und Gewalten" unterworfen ist. "Sklavengestalt",
"Menschengleichheit", "Menschengestalt" sind offenbar synonym,
wobei die erste Vokabel angibt, was unter Menschsein in dieser Welt zu verstehen ist. M. Dibelius[49] hat zur "Gestalt Gottes" und zum "Sklaven" auf Corpus Hermeticum I (=Poimandres)
14 und 15 verwiesen[50]; in 14 ist es der (Ur)Mensch, der sich
durch die ἁρμονία ("Zusammenfügung"[51] sc. der Sphären) nach
unten beugt, das κύτος ("Gewölbe" sc. des Himmels) zerreißt
und der Natur "unten" "die schöne Gestalt Gottes zeigt"; er
wohnt dann in der "unvernünftigen Gestalt". Kap. 15 leitet
daraus die Sonderstellung des Menschen als "doppelten" ab, der
allein unter allen Lebewesen auf der Erde sterblich ist wegen
des Leibes, unsterblich wegen des "wesentlichen Menschen";
ἀθάνατος γὰρ ὢν καὶ πάντων τὴν ἐξουσίαν ἔχων, τὰ θνητὰ πάσχει
ὑποκείμενος τῇ εἱμαρμένῃ. ὑπεράνω οὖν ὢν τῆς ἁρμονίας ἐναρμό-
νιος γέγονε δοῦλος[52].

"zieht sie zurück", läßt sie ruhen: sed seipsum exinanivit, hoc est po-
testatem suam ab opere retraxit, ut humiliatus otiosa virtute infirma-
ri videretur (CSEL 81,3 p. 140,4-6 Vogels).

47 Gnilka p. 118: es wird die Inkarnation des Gottwesens ausgesagt. "Diese Aussage würde durch die Annahme nur eines Wechsels der Erscheinungsweise verflüchtigt werden." - Trotzdem gibt es Beispiele aus der alten
Kirche, die unter Berufung auf die Vokabeln für Gestalt und Ähnlichkeit in Vers 7 Christi Menschsein nur als äußere Erscheinung auffassen.

48 Diesen kosmologischen Aspekt hat Luther richtig verstanden: "der Schöpfer aller Ding."

49 Cf. Gnilka p. 146.

50 Gnilka ibid.: "Nirgendwo sonst kann diese Parallelität zu Phil. 2,6 f.
nachgewiesen werden."

51 Festugière (s. nächste Anm.) p. 21 n. 39: "Je prends ἁρμονία au sens
concret ('charpente, armature' ...)." "'Composite framework' (Nock)
est exellent." In der Fortsetzung sind ἁρμονία und εἱμαρμένη synonym
gebraucht, daher sagt Festugière l.c.: "La distinction de Jonas (p.
160) entre une conception pessimiste de l'ordre du monde (εἱμαρμένη)
et une conception optimiste (ἁρμονία) qui conduirait à celle du πρό-
νοια ne paraît pas se réaliser ici."

52 Corpus Hermeticum ed. Nock/Festugière I, Paris 1960², p. 11,20 - 12,1.

Von der Auffassung des irdischen Menschen als eines Sklaven
der (Gestirn-)Mächte her die μορφὴ δούλου von Phil. 2 zu verstehen, scheint den schärfsten Kontrast innerhalb des ersten
Hymnenteils zu ergeben und mit den Mitteln dieses nicht spezifisch christlichen Vokabulars eine Aussage von christlicher
Radikalität zu ermöglichen[53]. Entscheidend ist, wie gesagt,
eine möglichst scharfe Fassung von κενόω[54]. Obwohl man bald
das ὑπάρχων des ersten Hymnenkolons im Sinn der Zweinaturen-
lehre verstand (er ist und bleibt daher Gott, während er
Mensch wird, die menschliche Natur annimmt), kann die Meinung
ursprünglich nur sein, daß er sein Gottsein sowohl nach Erscheinungsweise wie nach Mächtigkeit aufgibt[55]; und das ist

---

53 Cf. richtig Gnilka im Gefolge anderer p. 119 f.: "an die Stelle der be-
   stimmenden Göttlichkeit tritt die bestimmende Sklaverei. Erstaunlich
   ist, daß nicht sofort unmittelbar vom Menschsein gesprochen wird, sondern vom Sklavensein ... Hier sei nur in Erinnerung gebracht, was schon
   M. Meinertz" (1952) "treffend beobachtete, daß nämlich im vorliegenden
   Zusammenhang δοῦλος durch ἄνθρωπος erläutert wird" (cf. das weiter oben
   im Text von mir Gesagte). Beschrieben wird "der Weg des Präexistenten,
   der von sich aus die Sklaverei des Menschseins auf sich nimmt. In der
   Regel verweist man zur Erläuterung der δουλεία auf die Mächte, die jeden Menschen versklaven."
54 In dieser Vokabel liegt der entscheidende Unterschied zur Parallele
   aus dem Poimandres: dort "macht sich" der Urmensch, die μορφὴ θεοῦ,
   gerade nicht "Leer", sonst wäre der Mensch ja nicht "doppelt". In dieser dualistischen Anthropologie stellt sich das Problem der Identität
   (wie auch in jeder Zwei-Naturen-Christologie), während das Problem
   von Phil. 2 das der Kontinuität ist, s. die nächste Anm.
55 Gnilka p. 119: "Es bleibt das Problem der Kontinuität. Schon Lohmeyer
   stellte fest, daß das Lied 'diese Frage nicht kennt', und Käsemann be-
   kräftigte: 'Die für uns vielleicht unvermeidliche Frage nach der Kontinuität der Person im Übergang stellen, heißt den Text überfordern.'
   D. Georgi weist dagegen auf den der hellenistischen Religiosität gemeinsamen Begriff der Selbigkeit und fragt: 'Das κενοῦν meint also entleeren'. Warum steht aber als unmittelbares Objekt das reflexive ἑαυτόν?' Die Selbigkeit wird definiert als das eigentliche Selbst', 'die
   ewige Wirklichkeit des Göttlichen.' Während aber Jervell behauptet, daß
   Christus sein Selbst im Vater habe und, gut gnostisch verstanden, aus
   dem Vater treten könne, ohne sein Personsein zu verlieren, sieht Georgi
   die Paradoxie der Aussage gerade darin, daß das präexistente Gottwesen
   seine Selbigkeit preisgebe und das annehme, was dem Göttlichen entgegengesetzt und deshalb nichtig ist." - Dieser letzteren Interpretation
   durch Georgi stimmt die Verfasserin dieses Artikels zur Gänze zu. -
   Gnilka fährt fort, indem er Georgi zitiert: "'Nicht die rettende Ewigkeit des Göttlichen, sondern die Nichtigkeit des Menschlichen wird zum
   Ausdruck der Identität des Offenbarers.' Das Interesse an der Kontinuität stelle sich also negativ dar an der Paradoxie, die das Kontinuum
   letztlich auch nicht erklären kann. Man wird es dabei belassen müssen:
   die Gedankenrichtung weist auf die Inkarnationsaussage. Über die Konti-

nur möglich, wenn er die Gottgleichheit nicht als ein "Entrücktsein" "betrachtete". Man würde gerne wissen, wie der
Tod der "Sklavengestalt" und ihr Schicksal nach dem Tode in
der Sprache des ersten Hymnenteils beschrieben worden wäre.
Denn "Erniedrigung" und "Gehorsam" von Vers 8 verschieben die
Richtung des Gedankengangs; und obgleich ihre Anknüpfung an
die Vorstellung vom Sklaven keinen harten Bruch im Text erzeugt, ist man geneigt, denen Recht zu geben, die den zweiten Hymnenteil nicht als ursprüngliche Fortsetzung des ersten betrachten.

Die Neutestamentler werden all diesem entgegenhalten, daß
ἁρπαγμός in der Bedeutung "Entrückung" oder gar "Entrücktsein" nicht belegt ist und daß οὐχ ἁρπαγμὸν ἡγήσατο eine Redewendung sei wie ἕρμαιον, εὐτύχημα, εὕρημα ἡγεῖσθαι bzw.
τίθεσθαι[56]. "W. Foerster bestimmt den Sinn der Redensart,die
in positiver Formulierung häufiger vorkommt als in negativer,
so: 'sich so zu etwas stellen, wie 'jederman' sich zu etwas
stellt, das sich ihm als zu ergreifende Beute, Glücksfund
oder Geschenk darbietet ... etwas für ein gefundenes Fressen
halten, für einen Gewinn halten.'" Es handle "sich eben um
einen Slogan, sogar um einen gar nicht feierlichen"[57]. Dies
ist also das Maximum neutestamentlicher Auslegungskunst! So
amüsant es ist, sich den Hymnendichter als einen christologischen Heine vorzustellen, der immer wieder ins Triviale
fällt, so wird es dem im Hymnus Intendierten doch kaum gerecht und mir wenigstens dadurch ärgerlich. Die gravitäti-
schen Diskussionen über ἁρπαγμός als res rapta oder res ra-
pienda sind da noch etwas erträglicher. Sie und die verfla-
chende Slogan-Auslegung machen aber jedem klar, welche im-
mensen Schwierigkeiten man mit der Übersetzung von ἁρπαγμός
durch "Raub" hat.

Gegenüber der Slogan-Auslegung ist daran zu erinnern, daß
die Existenz einer Redewendung noch nicht besagt, daß nicht
genau die gleichen Worte in ihrem stringenten Sinn gebraucht
werden können; das beste Beispiel ist vielleicht das franzö-

---

nuität wird nicht nachgesonnen.
56 Cf. Bauer, Wörterbuch, s.v. ἁρπαγμός.
57 Gnilka p. 116.

sische "peut-être", durch welches noch niemand daran gehindert worden ist, Sätze mit "peut être" (er, sie, es kann sein)
zu bilden. Ferner: Nomina auf -μός sind im Gegensatz zu solchen auf -μα Verbalnomina[58], also hier: "das Rauben", - "was
Phil. 2,6 unmöglich ist", sagt Bauer im Wörterbuch s.v[59]. In
solchen Fällen unzureichender Bedeutungsbreite bei rarem Vorkommen ist das übliche Vorgehen, daß man die weiteren Konnotationen des Verbs, von dem die Ableitung erfolgt, heranzieht;
für ἁρπάζειν ist die Bedeutung "entrücken" längst vorchrist-
lich etabliert und in einem religiösen Zusammenhang, wie der
Philipperhymnus ihn bietet,von vornherein in Erwägung zu ziehen. Tatsächlich liegt in der Akademieabhandlung des dänischen
Germanisten L. L. Hammerich von 1966 ein (nach behaglich plau-
derndem Beginn) leidenschaftliches Plädoyer für die Übersetzung von ἁρπαγμός mit "Entrücktwerden" vor[60]. Gnilka will zwar

---

58 Hammerich (s. u. n. 60) sagt p. 13 unter Berufung auf F. E. Vokes,
   Ἁρπαγμός in Philippians 2,5-11, in: Studia Evangelica II (= TU 87),
   Berlin 1964, p. 670 - 675: "Originally there was the difference between the derivations in μός and those in μα that the former should
   indicate the action or process of the verb, those in μα the result of
   the process; but they are sometimes mixed up. Thus we have in the New
   Testament both the rare βαπτισμός and the common βάπτισμα, and the lat-
   ter as a noun of action, or process both in the active sense, e. g.
   Luc. 20,4 ... and passively, e. g. Luc. 12,50 ... The general question
   has been treated rather often; but on the basis of philological material and grammatical reasoning, F. E. Vokes now convincingly shows that
   there is no contamination, but a one-sided selection: 'If there is an
   approach in meaning between the two forms, it is an approach of that
   in μα to that in μός, and not vice versa.' Thus the unique ἁρπαγμός
   does not denote result, but is simply 'a verbal noun in μός in its proper sense of a process or action'; it has not the sense of ἅρπαγμα
   (which is found seventeen times in the Greek Bible)." Aber dem dann
   von Vokes erreichten Auslegungsergebnis, das wiederum bei "robbery" beharrt, kann Hammerich sich nicht anschließen.
59 Daher fährt er damit fort, Kirchenväterbelege für ἁρπαγμός verstanden
   als ἅρπαγμα zu geben; aber diese arbeiten ihrerseits offensichtlich
   mit der wie üblich mißverstandenen Vokabel von Phil. 2,6, beweisen also nichts als das Alter des Mißverständnisses und die Seltenheit des
   Verständnisses, wie es aus Frg. 3 der Orakel abzuleiten ist. - Im Art.
   "Entrückung" von G. Strecker, RAC V (1962), wird Phil. 2,6 nicht erwähnt.
60 L. L. Hammerich, An ancient misunderstanding (Phil. 2,6 'robbery'),
   Hist. filos. Meddelelser, Kong. Danske Vidensk. Selskab, 41,4, 1966.
   In einem vorgehefteten Zettel teilt der Verfasser mit, daß er nach-
   träglich auf einen Vorgänger gestoßen sei: "My attention has been drawn
   to the fact that the explanation of ἁρπαγμός as '(mystical)rapture' has
   already in 1915 been proposed by P. Florensky (of the Greek Orthodox
   Church) in two articles written in Russian; cp. Dictionnaire de la Bi-

diese "neuartige Übersetzung" genauso "zu den Akten" legen
wie die von anderen vorgeschlagene Erleichterung ἄπραγμον,
doch sind diese beiden Lösungen nicht auf eine Stufe zu stellen. Neuartigkeit ist für sich allein kein zureichender Grund
für eine Ablehnung[61]. Der einzige Einwand wäre jener oben
schon erwähnte, daß "Entrücktwerden", also Versetzen aus der
irdischen in die göttliche Sphäre, wörtlich genommen[62] zur
Folge hätte, daß zwei Aufstiege Jesu in den Himmel ausgesagt
würden. Die Parallele aus den chaldäischen Orakeln, die Hammerich nicht bekannt war[63], ermöglicht es, ἁρπαγμός, "Entrückt-

---

ble, Supplément Tome V (Paris 1957), col. 24 in the article kēnose,
written by P.Henry, S. J." Hammerich rechtfertigt philologisch das Verständnis von ἁρπαγμός als eines passiven Verbalnomens, das ich auch
voraussetze, p. 14: "And, as a philologist, I should like to ask why
we should be obliged to take ἁρπαγμός in the active sense of 'getting,
snatching, acquiring'? Why not, at least, take also the passive sense
'being snached' into consideration? A parallel word like διωγμός means
'persecution' both actively from the standpoint of the persecutor and
passively from that of those being persecuted. Correspondingly θερισμός
means 'harvest', both denoting the 'harvesting', the activity of the
harvesters, and 'being harvested' (e. g. 'wheat-harvest'). Dozens of
Greek words might be adduced to confirm this well-known grammatical
fact. One may add that in vera many languages it is a common feature
of the nomina actionis, that they are neutral with regard to the dia-
thesis of the verb. There is no reason to assume that this should be
excluded in the case of ἁρπαγμός."

61 Und Hammerich hat sich die Sache nicht leicht gemacht, wie die ganze
Abhandlung zeigt. Um sicher zu gehen, hat er sich nicht nur auf seine
eigenen breiten philologischen Kenntnisse verlassen, sondern auch zahl-
reiche Fachgelehrte in Tribulation gesetzt, p. 12: "I dived into the
sea of commentaries, exploring especially the most modern ones. I also
ventured to approach classical philologists and Doctors of Divinity,
in Denmark and in other countries, and was most kindly and helpfully
received. The books I read and the letters I got, filled me with ad-
miration of the learning displayed, the ability of associations, the
reasoning genius, but they did not convince me of the justness of any
of the opinions hitherto advanced or accepted."

62 Eine Folge dieses Verständnisses von "entrücken" ist, daß Hammerich
ἁρπαγμός für einen genuin paulinischen Ausdruck hält, wie er überhaupt
den ganzen Hymnus als paulinisch betrachtet (p. 31 - 33). - Einen Verweis auf das paulinische ἁρπάζειν anläßlich des "chaldäischen" gibt
erst P. Thillet (aber auch er erwähnt nicht Phil. 2!), einer der beiden Revisoren der des Places'schen Orakelausgabe, bei Gelegenheit des
Pselluskommentars zu Frg. 3 (p. 180 n. 1); er fügt hinzu: "Peut-être,
en raison de cet emploi, Psellus n'a-t-il pas bien interprété l'Oracle?"

63 Hammerich bringt aber ein neuplatonisches Beispiel für den "mystischen
Sinn" von ἁρπάζειν aus Plotin, als Parallele zum paulinischen Gebrauch.
Hammerichs Stellenangabe (seine n. 28 gibt die Seitenzahl ohne zu sagen, um welchen Band in Bréhiers Ausgabe es sich handelt) ist dahin zu
ergänzen, daß sein Zitat aus Plotin, Enn. VI 9 (in der chronol. Rei-

sein", als innergöttlichen Zustand[64] zu verstehen, der den
transzendenten Abstand vom Irdischen meint, als etwas, was
mit Göttlichkeit eigentlich gegeben ist. Ein solches Verständnis von ἁρπαγμός ist geeignet, die Radikalität dessen,
was κενοῦν in Phil. 2 besagt, aus dem Kontext heraus weiter
zu verdeutlichen, nachdem in der Kenose der entscheidende Unterschied zu den religionsgeschichtlichen Parallelen zu sehen
ist[65].

---

henfolge 9, bei Bréhier Band VI 2) stammt. Es ist der Traktat "Über das
Gute und das Eine", den Porphyrius an den Schluß seiner Ausgabe gestellt hat. Zum 10., vorletzten, Kapitel sagt Bréhier: "Tout ce chapi-
tre décrit une vision qui est en même temps et du même coup une union."
Plotin sagt gegen Ende von c. 10, diese Schau sei schwierig in Worte
zu fassen, eben weil das "andere" jetzt eins mit dem Schauenden ist
(also nicht mehr Gegenstand des diskursiven Erwägens). In c. 11 (dem
letzten der ganzen Enneaden-Ausgabe!) versucht Plotin trotzdem u. a.
mit Hilfe von Vergleichen, das Schauen des Einen zu beschreiben. Dem
Aufsteigenden sind keine Affekte, keine Bewegungen der Vernunft, nicht
einmal er selbst mehr gegenwärtig, ἀλλ' ὥσπερ ἁρπασθεὶς ἢ ἐνθουσιάσας
ἡσυχῇ ἐν ἐρήμῳ (καὶ) καταστάσει γεγένηται ἀτρεμεῖ (= Zeile 12-14 sowohl bei Bréhier wie bei Henry/Schwyzer). Bréhier übersetzt ὥσπερ
nicht, Hammerich jedoch tut es, und zwar mit Recht, denn kurz darauf
erfolgt ein zweiter Vergleich: der Aufsteigende ist wie (ὥσπερ) einer,
der durch den Tempel mit seinen Götterbildern ins ἄδυτον hineingelangt
und damit zu dem, worauf die Statuen nur hinweisen können und worauf
es ankommt. Aber die Schau ist kein Dauerzustand: ἐκπίπτων δὲ τῆς θέας
- dann muß man wieder mit der Tugend anfangen, von dort zum νοῦς gelangen und so weiter nach dem Einen streben. Das Kapitel schließt: Und
dies ist das Leben der Götter und der göttlichen und glücklichen Menschen, ἀπαλλαγὴ τῶν ἄλλων τῶν τῇδε, βίος ἀνήδονος τῶν τῇδε, φυγὴ μόνου
πρὸς μόνον. Die zitierte Stelle ist die einzige in den Enneaden, wo
ἁρπάζειν in seiner religiösen Bedeutung erscheint (an drei anderen
Stellen heißt es "rauben, stehlen"). Es ist charakteristisch für Plotin, daß er die Übertragung des religiösen Gebrauchs auf den innergöttlichen Bereich, wie er in Frg. 3 der Orakel vorliegt, nicht auf-
nimmt; bekanntlich benutzt er die Orakel überhaupt nicht (zurückhal-
tende Äußerungen des Porphyrius gegenüber diesen Texten werden auf den
Einfluß Plotins zurückgeführt), er ist der einzige Neuplatoniker ohne
theurgische Interessen. Aber an Plotins Beschreibung des Zustandes des
"Entrückten, Verzückten, Inspirierten" als einen der Unbeweglichkeit
und unerschütterlichen Ruhe kann man sehen, wo der inhaltliche Ansatz-
punkt für die Übertragung auf das Sein im göttlichen Bereich als dem
völlig jenseitigen lag. - Über die Beziehung von Enn. VI 9,11 zu einer
Passage aus dem Timäuskommentar des Proklus s. o. p. 3.

64 ἁρπαγμός gedeutet als Zustand widerspricht nicht dem, was oben über
   seinen Charakter als Verbalnomen gesagt wurde; vielmehr liegt die Be-
   deutungsverschiebung schon im Verb selber: in Or. Frg. 3 und in Phil.
   2 ist es nicht ein Verb der Bewegung, sondern des sich Befindens.

65 Was A. Wlosok über den späthellenistischen Herrscherkult, speziell den
   der Ptolemäer in knappen Andeutungen zusammengestellt hat (in ihrer
   Einleitung zum Band "Römischer Kaiserkult", Darmstadt 1978, p. 11-14),

läßt vermuten, daß die kosmologisch-soteriologischen Aussagen des ersten Teils des Philipperhymnus und die kosmologisch- anthropologischen Aussagen des Poimandres Prädikationen eben dieses Herrscherkultes benutzen, natürlich völlig entpolitisiert.

Obwohl "eigentlich" "zum Philipper-Hymnus praktisch alles Denkbare schon irgendwie gedacht" "und alles Sagbare gesagt" worden ist (Schenke, s.u., p. 367), hat dies bisher die Produktion nicht beeinträchtigt, wie man ja auch an dieser Untersuchung sieht. Der letzte mir bei Abschluß dieses Manuskripts bekannt gewordene Titel ist H.-M. Schenke, Die Tendenz der Weisheit zur Gnosis, in: Gnosis. Festschrift Hans Jonas, Göttingen 1978, p. 351 - 372. In Schenkes Aufsatz und etwa in der Monographie von O. Hofius, Der Christushymnus Philipper 2,6-11 (WUNT 17), Tübingen 1976, findet man die seit Gnilka erschienene Literatur. Hofius weicht an vielen Punkten der Interpretation des ersten Hymnenteils erheblich von dem ab, was ich oben aus Gnilka zitiert habe.

EIN GNOSTISCHER LOGOSTHEOLOGE

UMFANG UND REDAKTOR DES GNOSTISCHEN SONDERGUTS[1] IN HIPPOLYTS
"WIDERLEGUNG ALLER HÄRESIEN"[2]

Gnostische literarische Aktivität, ja gnostisches Leben
überhaupt scheint zu einem großen Teil in der Bearbeitung und
Neufassung von Texten bestanden zu haben. Dies ist das para-
doxe Ergebnis des hohen Anspruchs auf geheime und unmittelbare Offenbarung im Gegensatz zur Offenbarung, die ein für alle-
mal niedergeschrieben worden ist; dem Anspruch konnte wohl
nur in Ausnahmefällen mit literarischen Originalen entspro-
chen werden. Diese Arbeitsweise macht die Literarkritik[3] zu
einem vielversprechenden Mittel der Untersuchung; so hat sie
denn auch J. Frickel[4] mit sehr glücklichem Resultat auf das
wohl schwierigste Stück unter den Gnostikerreferaten bei Hippolyt angewendet, die Apophasis Megale, die im Bericht über
die simonianische Gnosis erscheint. Was Hippolyt, im Wesentlichen zitierend, als Apophasis Megale mitteilt, ist seiner-

---

1 Dieser Textgruppe wurde bisher zugerechnet:
  Refutatio V 6 - 11 Naassenerbericht
  V 12 - 18 Peraten
  V 19 - 22 Sethianer
  V 23 - 27 Justin der Gnostiker
  VI 9 - 18 Apophasis Megale
  VI 29 - 37 Valentianer
  VII 20 - 27 Basilides
  VIII 8 - 11 Doketen
  VIII 12 - 15 Monoimos.
  Dazu kommt jetzt noch (s. u. Abschnitt II) der Aratos-Kommentar IV 46
  - 49.
2 Der Gegenstand dieses Aufsatzes war Inhalt eines Kurzreferates auf dem
  Gnosis-Kongress der Yale Universität 1978 in New Haven.
3 Cf. meine "Notizen zur 'Hypostase der Archonten' (ed. Bullard)", ZNW
  67 (1976) p. 28o - 285.
4 Josef Frickel, Die "Apophasis Megale" in Hippolyt's Refutatio (VI 9 -
  18): Eine Paraphrase zur Apophasis Simons (OCA 182), Rom 1968. - Zur
  paraphrasierenden Arbeitsweise nicht bloß von Gnostikern und zur Paraphrase als "Form" anhand der "Paraphrase des Sem" s. jetzt auch Barbara
  Aland, Die Paraphrase als Form gnostischer Verkündigung, in: R. McL.
  Wilson (ed.) Nag Hammadi and Gnosis, Leiden 1978, p. 75 - 90.

seits ein Kommentar zur eigentlichen Apophasis[5], aus der dieser Kommentar zitiert. Die uns jetzt vorliegende Apophasis
Megale[6], d. h. die eigentliche Apophasis und ihr Kommentar,
gehört zu dem gnostischen Material, dessen Kenntnis uns allein durch Hippolyt vermittelt wird und das ich daher als Sondergut bezeichne. Wie seit langem bemerkt worden ist[7], weist
das Material verschiedene Gemeinsamkeiten auf, die von "einer
Hand"[8] herrühren müssen, auf eine "Redaktion" zurückzuführen
sind - also literarischer Art sind. (Für die Apoph. Meg. wür=
de das theoretisch bedeuten, daß außer den beiden literarischen Schichten, die Frickel festgestellt hat, auch die Hand
des Redaktors als dritte Schicht erkennbar sein müßte). Die
bisherigen Urteile über den Redaktor werden von K. Koschorke
referiert, als nicht adäquat befunden und um einen eigenen
Vorschlag vermehrt[9]: a) die Gemeinsamkeiten gehen auf Hippo-

---

5 B. Aland (Gnosis und Philosophie, in: Proceedings of the international
  colloquium on gnosticism 1973 = Kgl. Vitterh. Hist. Antikv. Akad. Stock-
  holm, Handl., Filol. filosof. ser. 17, Stockholm/Leiden 1977, p. 34 -
  73) mißversteht Frickel, wenn sie meint, daß er die eigentliche Apophasis als Werk Simons betrachte. Im übrigen stellt ihre Untersuchung einen zweiten großen Fortschritt in der Erhellung des Apophasis-Komplexes
  dar.
6 Zur Übertragung von Titeln vom Originalwerk auf die Verarbeitung vgl.
  man den Fall der "Hypostase der Archonten". Aber auch Hippolyt nimmt
  die Meinung eines Kommentars für die Meinung des kommentierten Autors:
  in VII 30,2 macht er dem Marcion zum Vorwurf, er trage die empedokle-
  ische Lehre vom bösen Weltschöpfer in die Kirche. In der Tat spricht c.
  29,24 davon, daß der Demiurg das vom All Losgerissene in der Schöpfung
  quäle, aber das ist eine Aussage des Kommentars zum Empedokles und nicht
  des Empedokles selber. - Zu diesem Empedokleskommentar s. J. Frickel,
  Unerkannte gnostische Schriften in Hippolyts Refutatio, in: Martin Krau-
  se (ed.), Gnosis and Gnosticism (Nag Hammadi Studies VIII), Leiden
  1977, p. 119 - 137, speziell p. 126 - 130. Auf die Thesen dieses Aufsatzes werden wir unten zurückkommen.
7 s. die Forschungsgeschichte bei Frickel, Die Apophasis, p. 12 ff.
8 H. Staehelin, Die gnostischen Quellen Hippolyts in seiner Hauptschrift
  gegen die Häretiker (TU 6,3 p. 1 - 103), Leipzig 1890, p. 104.
9 Klaus Koschorke, Hippolyt's Ketzerbekämpfung und Polemik gegen die Gnostiker. Eine tendenzkritische Untersuchung seiner "Refutatio omnium
  haeresium" (Göttinger Orientforschungen VI 4), Wiesbaden 1975, p. 99 ff.
  Die durch Koschorkes Kritik herausgeschälte Tendenz ist die Polemik gegen Kallist, p. 6: "Bei aller Ausführlichkeit der Darstellung beschränkt
  sich ihre Bedeutung - im Rahmen einer Depravationstheorie, die den fort-
  schreitenden Wahrheitsverlust über die Stufen Judentum - Heidentum -
  Häresien bis hin zum gegenwärtigen Abschaum der Ketzergeschichte im Rom
  Hippolyts nachzuweisen sucht - auf die eines Vehikels der Polemik gegen
  Hipp.s eigentlichen Gegner: die Häresie der 'Kallistianer'" (vom Verfasser gesperrt). Dieses Urteil Koschorkes ist zu einseitig, der unge-

lyt zurück, b) die Bestandteile des Sondergutes seien Fälschungen (Staehelin), c) Redaktion durch einen kirchlichen
Sammler (Beyschlag); d) Koschorke selber hält "die Redaktion
durch eine gnostische Gruppe" für "denkbar[10]". Diesem letzten
Urteil ist zuzustimmen, man kann aber noch gleich hinzufügen,
daß es sich um christliche Gnostiker handelt, was ja nicht
selbstverständlich ist.

Weiteren Präzisionen ist die folgende Untersuchung gewid-
met, die eine bisher nicht beachtete Eigentümlichkeit des Redaktors und einen bis vor kurzem nicht als solchen erkannten
Bestandteil des Sonderguts einbezieht. Es wird sich dabei zeigen, daß Hippolyts Auseinandersetzung mit der Gnosis keineswegs nur eine theoretisch-schematisierende ist, wie Koschorke immer wieder beteuert, sondern eine solche mit Zeitgenossen[11] und daher von lebendiger Aktualität. Dazu ist es nötig,
bei Hippolyts erklärter Absicht in der Abfassung seines Werkes und der Ausführung dieser Absicht einzusetzen. Hippolyt,
der sich selber als Nachfolger der Apostel betrachtet (was
Teilhabe an dem in der Kirche überlieferten Geist impliziert),
will im Gegensatz zu den geheimen Lehren der Gnostiker den
ὀρθὸς λόγος nicht verschweigen (Refutatio I, prooem. 6, p. 3,6
Wendland[12]), sondern verkündigen (p. 3,14). Die "richtige Rede" bietet er endlich in X 32.33 als eine lange binitarische
regula fidei, die er ὁ τῆς ἀληθείας λόγος in X 4 (p. 265,6)
und ὁ περὶ τὸ θεῖον ἀληθὴς λόγος in X 34,1 (p. 292,6) nennt.
Von der Wirkung der "wahren Lehre" spricht er in den stärksten
Worten: der Hörer dieser Botschaft wird selber Gott, wird ver-

---

heure Aufwand Hippolyts ist dadurch nicht zu erklären. Es verhält sich
vielmehr so, daß Kallist in einem Aufwaschen auch noch mit den notori-
schen Häretikern besonders wirkungsvoll erledigt werden konnte.

10 Trefflich ist Koschorkes Vermutung p. 93: Hippolyts neue Quellen (d.h.
das Sondergut) "mögen" "in Rom von missionierenden Exponenten eines
gnostisch-philosophischen Lesezirkels in Umlauf gebracht worden sein"
(Unterstreichung von mir).

11 Auch Staehelin (p. 68) ist der Meinung, daß die Berichte "in ihrer jetzigen Gestalt aus relativ später Zeit stammen, d. h. ungefähr aus derselben Zeit, in welcher Hippolyt sein großes Werk gegen die Gnostiker
schrieb". Nur zieht er daraus die nicht zutreffende Folgerung, die Berichte seien Fälschungen.

12 GCS 26 = Hippolytus III.

gottet (X 34,3 p. 293,4; 34,4 p. 293,6; 34,5 p. 293,15)[13].
Und was ist wahre Erkenntnis? Das γνῶθι σεαυτόν heißt den
Schöpfer erkennen[14] (34,4 p. 293,7). Dies alles will besagen:
es ist die von Hippolyt vorgetragene und übersichtlich zusammengefaßte Lehre, die die gesuchte Antwort auf die gnostischen
Fragen und Interessen bietet; mit der Annahme dieser Antwort
sind genau jene Wirkungen auf das Wesen des Christen verbunden, die sich der Gnostiker als Pneumatiker von der Kenntnis
der Geheimlehren verspricht.

Das Hauptstück des ἀληθής λόγος besteht in der richtigen
Lehre über den Logos (X 33,1-13); die Lehre vom einen Gott
(X 32) und die Inkarnation (X 33,14-17) werden im Vergleich
damit sehr viel kürzer abgehandelt[15]. Der Abschnitt über den

---

13 Über Vergottung bei Hippolyt s. Dietrich Ritschl, Hippolytus' conception of deification. Scott. Journ. Theol. 12(1959) p. 388-399 = D.
Ritschl, Konzepte I, Bern 1976, p. 11-20.
14 Schon die Zitation dieses alten Wortes und seine antignostische Auslegung durch Hippolyt macht die antignostische Polemik als Hauptaufgabe
der Refutatio deutlich; die Polemik gegen Kallist ist darin eingebaut.
Cf. auch X 31,6 die Aufforderung an alle Menschen zu lernen τί τὸ θεῖον
καὶ τίς ἡ τούτου εὔτακτος δημιουργία, darüber schreibe er ἐν ἀληθείας
γνώσει und Übung der σωφροσύνη.
15 Für den einen Gott und seine Schöpfung kann Hippolyt freilich auch auf
seine Schrift περὶ τῆς τοῦ παντὸς οὐσίας verweisen (X 32,4 p. 288,22
f.), daher genüge das hier Gesagte. Frickel hat in seinem Aufsatz: Contradizioni nelle opere e nella persona di Ippolito di Roma, in: Ricerche su Ippolito (Studia Ephemeridis "Augustinianum" 13), Rom 1977, p.
137-149, den Hippolyt als einen "spekulativen Neuerer" bezeichnet (p.
143-145), wogegen er in moralischen und sozialen Dingen ein Konserva-
tiver sei, p. 145 ff. Den Neuerer sieht Frickel in ihm auf Grund der
"wahren Lehre" in X 32 und 33. Die Neuerung besteht in seiner "maniera
inconsueta di presentare la già tradizionale dimostrazione della vera
dottrina" und innerhalb derselben in seiner "spiegazione razionale della seconda persona in Dio, cioè del Logos" (p. 143). In die Gottesleh-
re füge er ein "largamente speculazioni filosofiche ed opinioni perso-
nali. Egli parla dei quattro elementi, si referisce alle sentenze di
Platone sulla composizioni e scomponibilità dei corpi, aggiunge le sue
idee sulla nature degli angeli, ecc. Questa maniera di esporre la tradizionale dottrina fu una cosa veramente nuova ed inaudita a Roma."
Auch das Stück über den Logos, also X 33,1-13, enthalte solche Bestandteile, nur in noch größerer Zahl. - Den Feststellungen Frickels kann
man entgegenhalten, daß Hippolyts Darlegungen unter einem anderen Ge-
sichtspunkt geradezu restriktiv wirken: nämlich im Vergleich mit den
zahlreichen teils philosophischen teils mythologischen Kosmologien und
Kosmogonien, mit denen seine Gegner operieren. Wie der Titel seiner
Schrift "Über das Wesen des Alls" zeigt, hat Hippolyt sich an dieser
spekulativen zeitgenössischen Debatte beteiligt.

Logos weist gleich zu Beginn eine falsche Auffassung vom Ursprung des Logos zurück: Gott zeugte das Wort zuerst durch
Denken (ἐννοηθείς), sagt Hippolyt, nicht (unmittelbar) als eine
Stimme (οὐ λόγον ὡς φωνήν), sondern als innere Reflexion über
das All (ἐνδιάθετον τοῦ παντὸς λογισμόν, X 33,1 p. 289,3-5).
Im Herausgehen als Erstgeborener ist das Wort φωνή, es hat
dabei in sich selbst die vorhergedachten Ideen des Vaters (§
2 p. 289,8-10). Später wird der Logos noch einmal φωνή genannt
in einer interessanten Kombination von Prädikationen: der Logos Gottes verwaltet alles, ὁ πρωτόγονος[16], πατρὸς παῖς, ὁ
πρὸ ἑωσφόρου φωσφόρος φωνή - "die vor dem Morgenstern licht-
bringende Stimme" (§ 11 p. 290,24 f.). Der Logos ist also gezeugt im Denken des Vaters als λογισμός, ἐνδιάθετος; er ist
geboren (πρωτότοκος, πρωτόγονος, παῖς) als φωνή vor der Schöpfung des Lichtes und enthält auf Grund seines Ursprungs alle
προεννοηθεῖσαι ἰδέαι des Vaters.

Diese Aussagen zeigen Hippolyt als Teilnehmer an den zeitgenössischen Debatten über den Ursprung des Logos; sie enthalten ferner seine Bestimmung des Verhältnisses von νοῦς und
λόγος: zwischen beiden wird differenziert und der νοῦς dem
Logos vorgeordnet, doch so, daß er nicht zu einer selbständi-
gen Gestalt wird, - dies ist sicher der Grund dafür, daß Hippolyt das Nomen νοῦς hier gar nicht verwendet, sondern nur ein
entsprechendes Verb. Den νοῦς in den Vater hineinzuverlegen,
ist eine mögliche Weise des Ausgleichs der unter christlichen
Voraussetzungen grundsätzlichen Konkurrenz zwischen beiden
Größen[17]. Eine andere Lösung ist die Verteilung auf zwei ver-

---

16 πρωτόγονος (υἱός) Prädikat des Logos schon bei Philo, s. die Stellen
   bei Hans Joachim Krämer, Der Ursprung der Geistmetaphysik, Amsterdam
   1964, p. 276 n. 319.
17 "Das vernünftige Weltprinzip benennt der Platonismus νοῦς, ordnet ihm
   indes den Logos als eine seiner wichtigsten Wirkungen - ἐνέργεια - zu.
   Damit rückt zwar der Logos an eine nachgeordnete Stelle, behält aber
   seinen zugleich physikalisch wie ethisch wie erkenntnistheoretisch de-
   finierten Rang als Träger der göttlichen ἐνέργεια. Unabhängig davon
   ist es im para-philosophischen Bereich zu einer Verselbständigung des
   Logos, der damit göttliche Züge erhält, gekommen". Heinrich Dörrie,
   Art. "Logos", Kleiner Pauly III, Sp. 713 (ich habe Abkürzungen auf-
   gelöst). - Was in unseren Texten vorliegt, ist eine Kombination beider Zweige der Entwicklung von Logosphilosophie und -theologie in verschiedenen Varianten.

schiedene Syzygien in der valentinianischen Hierarchie des
Überweltlichen, wobei die Nous-Syzygie der Logos-Syzygie unmittelbar vorgeordnet ist[18]. Wenn der νοῦς etwas noch Geisti-
geres ist als der Logos und deswegen vor ihm oder über ihm
steht, sind jene Stellen im Sondergut der Refutatio auffällig,
in denen diese Relation umgedreht scheint[19]. - Die einfachste
Weise des Ausgleichs zwischen Nous und Logos war ihre Identifikation in unreflektiertem Austausch der Bezeichnungen; eine
solche liegt vor in Contra Noetum[20], was einer der Gründe da-

---

18 Im Bericht des Irenäus, Adv. Haer. I 1; im Bericht des Hippolyt (ge-
    hört zum Sondergut) VI 29.
19 Im Sethianerbericht wird der Nous durch den Logos erlöst, V 19,14-21;
    der Logos wird mit der Knechtsgestalt von Phil. 2,7 identifiziert -
    ein Kennzeichen des Redaktors, wie wir unten sehen werden. - Im Pera-
    tenbericht teilt Hippolyt mit, daß die Peraten entsprechend der Drei-
    teilung der einen Welt von drei Göttern, drei Logoi, drei Nous und
    drei Menschen reden, V 12,3. Es würde der Bedeutung der Dreizahl mehr
    entsprechen, wenn nur drei und nicht vier solcher Größen dreifach po-
    stuliert würden; das Nächstliegende ist, die drei Logoi auszuscheiden.
    - Im Apophasiskommentar wird von sechs Wurzeln gesprochen, die Syzy-
    gien bilden, das erste Paar ist Nous und Epinoia, VI 12 und 13. Aber
    in c. 13 blickt der Logos auf die Dinge herab, die Nous und Epinoia
    erzeugt haben, was ihm ja schon eine Überlegenheit über diese beiden
    zu verleihen scheint, zumal sie mit Himmel und Erde identifiziert wer-
    den. Zudem wird er seinerseits mit einer (neu auftretenden) siebenten
    Kraft identifiziert, die in c. 14,2 auch noch als "unendlich" bezeich-
    net wird - aber die "unendliche Kraft" ist nach c. 9,4 das Prinzip des
    Alls!
20 Ctr. Noetum 7,3 p. 61,20 (ed. R. Butterworth, London 1977): γὰρ νοῦς
    πατρὸς ὁ παῖς. Im folgenden Satz achte man auf die sorglose Reihenfol-
    ge Logos, Stimme, Nous; Gott hat den Logos in sich, läßt den Nous her-
    vorgehen (!) 10,4 p. 69,17-20: ὃν λόγον ἔχων ἐν ἑαυτῷ ἀόρατόν τε ὄντα
    τῷ κτιζομένῳ κόσμῳ ὁρατὸν ποιεῖ· πρότερον (Zeitangabe in Bezug auf das
    spätere Sichtbarmachen für die Welt) φωνὴν φθεγγόμενος καὶ φῶς ἐκ φωτὸς
    γεννῶν προῆκεν τῇ κτίσει κύριον τὸν ἴδιον νοῦν. Es kommt allerdings
    auch vor, daß ein und derselbe Autor aus deutlich erkennbaren Gründen
    verschiedene Positionen hinsichtlich der Relation von Nous und Logos
    einnimmt. Dies ergibt sich aus den bei Frido Ricken (Zur Rezeption der
    platonischen Ontologie bei Eusebios von Kaisareia, Areios und Athana-
    sios. Theologie und Philosophie 53, 1978, p. 321 - 352) p. 331. 335.
    340 besprochenen Stellen aus Euseb. In der Demonstratio Evangelica (IV
    2,1 s. Ricken p. 340 n. 105) ist die zweite Hypostase der Trinität so-
    wohl Nous wie Logos: "Die zweite Hypostase ist das vollkommene, weise
    und gute Produkt des Vollkommenen, Weisen und Guten. Deshalb kann Eu-
    sebios sie mit Origenes als den Nus selbst, den Logos selbst, die Weis-
    heit selbst, das Schöne und Gute selbst, soweit ein solches im Bereich
    des Gewordenen sein kann, bezeichnen" (p. 340). In de ecclesiastica
    theologia aber, wo Euseb gegenüber Marcell von Ankyra die Unterschei-
    dung der Hypostase des Sohnes von der des Vaters begründen muß, benutzt
    er den Vergleich mit Nous und Logos im Menschen: "Gott wird mit dem

für wäre, daß Refutatio und Contra Noetum nicht vom gleichen
Verfasser sein können[21].

Nus verglichen, dessen Wesen kein Mensch je erkannt hat, während der
aus ihm hervorgehende Logos allen bekannt ist" (p. 331). Nach Eusebs
"Auffassung bestehen folgende Entsprechungen zwischen menschlichem
Logos und Nus auf der einen und den beiden göttlichen Hypostasen auf
der anderen Seite: Wie Logos und Nus sind die beiden Hypostasen voneinander unterschieden. Der jenseitige Gott ist wie der menschliche
Nus unsichtbar, der Logos dagegen durch seine Gabe allen bekannt" (p.
335). Beleg ist an beiden Stellen De eccl. theol. II 17,4-7.

21 Frickel, Contradizioni (v. n. 15), hält gegen Nautin die Refutatio für
eine Schrift Hippolyts, wogegen Ctr. Noetum die Refutatio voraussetze
und benutze. Bernard Capelle (Le Logos, Fils de Dieu, dans la théologie d'Hippolyte, Recherches de théologie ancienne et médiéval 9, 1937,
p. 109 - 124) befaßt sich mit der u. a. von Ctr. Noetum vertretenen
Lehre, daß der Logos erst bei der Inkarnation "Sohn" ist und empfindet
mit Recht die Differenz zu Ref. X 33; er vermutet eine Entwicklung des
Autors, die von Ctr. Noetum zur Refutatio verlaufen wäre. Doch sind
das nebeneinander mögliche Varianten der Logoschristologie. Mir scheint
mit Nautin und Frickel die Verteilung auf zwei verschiedene Autoren angemessener; der vertrackten Zuschreibungsfrage in der Tradition (aus
der Nautin seinen Verfasser Josipp für die Refutatio bezieht) ist der
apostolische Sukzessionsanspruch des Proömiums der Refutatio sowie das
Konkurrenzgebaren gegenüber Kallist als nicht zu beseitigendes Indiz
für Hippolyts Verfasserschaft entgegenzustellen. Ob die Beziehung von
Ctr. Noetum zur Refutatio in Abhängigkeit und Korrektur so eng ist,
wie Frickel, Contradizioni p. 139 f., annimmt, ist mir nicht so sicher.
- Als eine communis opinio über Hippolyts Auffassung vom Ursprung des
Logos gilt offenbar eine Auslegung von Ref. X 33,7, die den Text völlig mißversteht (in der sorgfältigen Arbeit von Capelle findet man daher auch keine Spur davon). In der Patrologie von Altaner/Stuiber
(1966[7]) heißt es p. 169: Hippolyt "meint, der Logos sei erst später
als Person hervorgetreten und zwar 'zu der Zeit und in der Weise, wie
der Vater es wollte'" (dies ist Zitat aus Ctr. Noetum 10,3 p. 69,9 f.
Butterworth, was der Leser nicht erkennen kann); "ja er glaubt, Gott
hätte, wenn er gewollt, auch einen Menschen zu Gott machen können (re-
fut. 10,33)". Dieselbe Kombination beider Stellen, jedoch unter Kennzeichnung des Zitats aus Ctr. Noetum, mit der gleichen Deutung von Ref.
X 33,7 bei Hans Weyer in der Einleitung seiner lateinisch-deutschen
Ausgabe von Novatians De trinitate (Darmstadt 1962, p. 23). Auch Frickel, Contradizioni p. 144 mit n. 29, setzt diese Deutung voraus. Hippolyt redet in X 33,7 nicht vom Ursprung des Logos, sondern von der
Erschaffung des Menschen und seiner Vergottung. Der Mensch ist nicht
das mißglückte Ergebnis einer Absicht, einen Gott oder einen Engel zu
schaffen, sondern Gott wollte einen Menschen machen; p. 290,3-5 f.
fährt fort: εἰ γὰρ θεόν σε ἠθέλησε ποιῆσαι, ἐδύνατο· ἔχεις τοῦ λόγου
τὸ παράδειγμα· ἄνθρωπον θέλων, ἄνθρωπόν σε ἐποίησεν εἰ δὲ θέλεις καὶ
θεὸς γενέσθαι, sei nur gehorsam und im Geringsten treu, dann kann dir
auch das Große anvertraut werden. D. h. daß Hippolyt hier schon ver-
heißt, was er im nächsten Kapitel mehrfach sagt: Gott macht den Christen als Hörer und Täter des Wortes zu Gott (s.o. p. 21 f.). § 8 stellt
dem Logos aus Gott, der deswegen auch Gott ist, οὐσία ὑπάρχων θεοῦ,
den Kosmos gegenüber, der aus Nichts ist und deswegen auch nicht Gott
ist. Dies ist zwar keine trinitarische Formel, sondern Polemik gegen

Es konnte aber am Logos auch allein der Aspekt des artiku-
lierten, ausgesprochenen Wortes, der "Stimme", hervorgehoben
werden[22], und zwar sosehr, daß sein Ursprung allein im Aussprechen und im Organ desselben, dem Mund gesehen werden konnte[23]. Eine solche Lehre vom Ursprung des Logos bekämpft Hip-

---

eine bestimmte Auffassung des Kosmos, aber es ist trotzdem interessant,
die trinitarische Formel der Schrift gegen Noet daneben zu halten: μία
δύναμις, (τρία) πρόσωπα.

22 Cf. Liddell-Scott λόγος IX "expression, speech, utterance regarded
formally": Plato, Soph. 263 e τὸ ἀπὸ [ψυχῆς] ῥεῦμα διὰ τοῦ στόματος
ἰὸν μετὰ φθόγγου λόγος - opp. διάνοια. Aristoteles, περὶ ἑρμενείας 16
b 26 λόγος ἐστὶ φωνὴ σημαντικὴ κατὰ συνθήκην. Diese Definition kennt
der Redaktor, s. im Doketenbericht VIII 9,8 p. 229,2-4: "Nicht weniger
wird auch der Logos von uns aus dem Dornstrauch wahrgenommen: φωνὴ γάρ
ἐστι σημαντικὴ τοῦ λόγου πλησσόμενος ἀήρ, ohne die das menschliche Wort
nicht vernommen werden kann." In dem sehr bemerkenswerten Bericht über
die Lehre des Basilides mit seinem nichtseienden Gott, bringt der Redaktor seinen Logos in der Lehre vom Weltsamen unter, der Weltsame ist
der Logos (VII 22,4), und zwar der in der Schöpfungsgeschichte spre-
chende. § 3 "Aber 'er sprach', sagt er, 'und es wurde', und dies ist,
wie diese Leute sagen, das von Mose Gesagte: 'Es werde Licht, und es
ward Licht'." Es steht nicht geschrieben, woher das Licht kam, "sondern allein dies: aus der Stimme des Sprechenden" ... § 4 ... "das Wort,
das gesagt wurde, 'Es werde Licht'", und das ist das wahre Licht, von
dem in den Evangelien gesprochen wird.

23 Zu den Bestimmungen des Ursprungs von Logos scheint man teilweise so
gelangt zu sein, daß man sich fragte, was einem Wort vorangeht oder was
es voraussetzt. Schweigen (dazu die bekannte Stelle Ignatius, Ad Magn.
8,2: Jesus Christus, der Sohn Gottes, "welcher ist sein Logos, aus dem
Schweigen hervorgehend"), oder Denken, oder Stimme sind mögliche Antworten darauf. Die Antworten vermehrten sich, wenn man das Problem in
der qualifizierteren Form stellte, wie der göttliche Logos aus Gott
zustandekam, und wenn man zusätzlich erwog, in welche Stellung er zum
Nous zu bringen war. Im Johannesprolog fand man auf solche Fragen keine Antwort, daher die Vielfalt der Auskünfte, die die Theologen, gleich
welcher Richtung, erteilen, daher auch die lange Dauer der Debatte bis
weit ins 4. Jahrhundert hinein. - Der Nag-Hammadi-Traktat XIII 1, "Die
dreigestaltige Protennoia", sollte auch unter diesen Gesichtspunkten
betrachtet werden. Gesine Schenke und Carsten Colpe haben speziell im
dritten Teil dieser Schrift eine sensationelle Nähe zum Johannesprolog
empfunden und die Parallelen aufgewiesen; Sie sind nach ihrer Meinung
nicht durch Abhängigkeit der Protennoia vom Prolog zu erklären; hierzu neigt hingegen R. McL. Wilson, was jedoch James M. Robinson für "un-
wahrscheinlich" hält (J. M. Robinson, Gnosticism and the New Testament,
in: Gnosis, Festschrift für Hans Jonas, Göttingen 1978, p. 125 - 143;
dort p. 128 - 131 über Schenke, Colpe, Wilson samt bibliographischen
Angaben, Robinsons "unlikely" p. 129 n. 19). In NH XIII 1 offenbart
die "Stimme" den "Gedanken" ("thought"; = Nous?), neben der Stimme wäre der Logos eigentlich überflüssig, trotzdem tritt er gelegentlich
auf; vom Gedanken (dem Vater) ist er nicht nur durch die Stimme abgerückt, sondern (an einer schematisierenden Stelle) auch noch durch den
"Laut" ("sound"). Hängen nicht die unbezweifelbar johanneischen An-

polyt, wenn er sagt, Gott zeugte "nicht den Logos als Stimme",
sondern <u>dachte</u> ihn zuerst. Tatsächlich wird im Sondergut eine
solche These vertreten[24]. Man findet sie in der Apophasis Megale aus Anlaß des Zitats 1. Petr. 1,24 (= Jes. 40,6 f.) "Denn
alles Fleisch ist Gras, und alle Herrlichkeit des Fleisches
wie die Blüte des Grases. Das Gras ist verwelkt, und seine
Blüte ist abgefallen; aber das Wort (ῥῆμα) des Herrn bleibt
in Ewigkeit." Der Text fährt fort: ῥῆμα δέ, φησίν, ἐστὶ κυρίου
τὸ ἐν στόματι γεννώμενον ῥῆμα καὶ λόγος, ἄλλη δὲ χωρίον γενέ-
σεως οὔκ ἐστι (VI 10,2 p. 137,24-26). Das Wort des Herrn wird
also "im Munde erzeugt"[25], "anderswo gibt es keinen Ort des
Entstehens" - bezieht sich das letzte Kolon auf das Entstehen
des Wortes des Herrn? Dann wäre das direkte Polemik gegen eine Auffassung wie die Hippolyts[26], daß der Logos im Denken des
Vaters seinen Ursprung nimmt. Oder soll es nichts weiter heißen, als daß alle Dinge ihr Werden aus dem Wort haben? Es gibt
in der Apophasis noch eine Stelle, wo "Wort", "Ort", "erzeu-

---

klänge z.T. an den Erwähnungen des "Wortes"?

24 Auch der Bericht über den Valentinianer Markus, den Hippolyt aus Irenäus hat und der daher nicht zum Sondergut gehört, kennt den Hervorgang
des Logos aus dem Mund. Eine Offenbarung der Vierheit beginnt so (VI
42,4 f. p. 174,2-8): "Als zuerst der Vater, der (Vater) seiner (selbst)
der ungedachte und wesenlose, der weder männlich noch weiblich ist,
wollte, daß sein Unaussprechliches aussprechbar würde und das Unsicht-
bare geformt würde, ἤνοιξε τὸ στόμα καὶ προήκατο λόγον ὅμοιον αὐτῷ,
welcher sich hinstellend ihm zeigte, was er war, selbst als Form des
Unsichtbaren erscheinend. Die Aussprache des Namens geschah solcher-
art: er sagte das erste Wort seines Namens, das war 'Anfang' und war
die Zusammenstellung seiner vier Buchstaben" (d. h. der Buchstaben, aus
denen ἀρχή besteht). Hieraus wird dann eine Buchstaben-Zahlen-Lehre
entwickelt. In einem späteren Stadium des sich entfalteten Mythos wird
die Öffnung des Mundes von einer anderen Figur wiederholt; es ist nun
Aletheia, die "den Mund öffnet, um ein Wort zu sprechen, das Wort wird
ein Name, und der Name ist der, welchen wir kennen und sagen, Christus
Jesus" (cf. Phil. 2,9-11)- VI 45, 1 p. 177,10-13. Aber dem Hörer Markus
wird bedeutet (c. 45,2), daß er nicht meinen solle, mit dem ihm bekannten Namen schon alles zu haben, p. 177,17 f.: φωνὴν γὰρ ἔχεις μόνον αὐτοῦ, τὴν δὲ δύναμιν ἀγνοεῖς. Nicht bloß das, § 3: "Jesus" ist zwar ein
ἐπίσημον ὄνομα (s. Harvey's Irenäus-Ausgabe Bd. I p. 136 n. 1: "ἐπίσημον, i. e. an arithmetical symbol ...") aus sechs Buchstaben, gebraucht
von denen, die ihn anrufen, doch bei den Äonen hat er eine andere viel-
fältige Gestalt, diese kennen jene der "Verwandten", deren Größen (μεγέθη) immer bei ihm sind. (μεγέθη s. auch u. n. 93).

25 Ohne Zweifel hat der Redaktor Mt. 4,4 = Dtn. 8,3 vor Augen:"Der Mensch
lebt nicht vom Brot allein, ἀλλ'ἐπὶ παντὶ ῥήματι, ἐκπορευομένῳ διὰ στόματος θεοῦ."

26 Dieser Meinung war ich noch beim Referat in Yale.

gen" zusammengestellt werden und wo man sich an der Interpretation die Zähne ausbeißen kann: c. 17,7 p. 143,28 - 144,1
ὁ ... λόγου τοῦ προσήκοντος[27] καὶ τόπου κυρίου, ἐν ᾧ γεννᾶται
λόγος, τυχών[28], "beginnt zu wachsen" etc. Die Schwierigkeit
entsteht hier durch das Relativsätzchen "an dem (der) Logos
erzeugt wird   - wenn man doch den Logos erlangt hat, wozu
muß er erst noch erzeugt werden? Aufklärung gewinnt man durch
Heranziehen einer weiteren Passage über den "eigentlichen Ort",
über "Lehre" und "Logos werden". Diese Stelle befindet sich im
Sethianerbericht, der auch zum Sondergut gehört. V 21,9 p. 124,
9-13: "So eilt der Strahl des mit dem Wasser vermischten Lichtes[30], οἰκείου χωρίου ἐκ διδασκαλίας καὶ μαθήσεως μεταλαβοῦσα
zum von oben ἐν εἰκόνι δουλικῇ kommenden Logos καὶ γίνεται μετὰ τοῦ λόγου λόγος ἐκεῖ, ὅπου λόγος ἐστί, μᾶλλον ἢ ὁ σίδηρος
πρὸς τὴν Ἡρακλείαν λίθον." Wer also durch die Lehre den eigentlichen Ort erreicht, wird zum Logos mit dem Logos, dort wo der

---

27 cf. c. 16,5 p. 142,17 f. ἐὰν οὖν τύχῃ τοῦ λόγου τοῦ προσήκοντος καὶ διδασκαλίας.
28 B. Aland, Gnosis und Philosophie p. 56 und 57, erläutert die "Wort"-
   Stellen (die für sie natürlich Bestandteil des Apophasiskommentars
   sind) c. 16,5 und 17,7 folgendermaßen: "Und darauf kommt nun alles an,
   daß der Mensch durch 'Wort und Lehre' lernt und erkennt ..."; " ... um
   zum Baum des Lebens zu gelangen. Er kann das allerdings nur, wenn ihn
   das ihm zukommende Wort (λόγου τοῦ προσήκοντος 16,5; 17,7) trifft. Ohne dieses Wort, das ihn über sein Wesen aufklärt, ist der Graben zwischen ihm und Gott unüberspringbar." Die Zitation des Genitivs erweckt
   den Eindruck, als handle es sich um einen Genitivus absolutus, doch ist
   der casus an beiden Stellen vom Verb τυγχάνω abhängig. Da an der zweiten Stelle ja nicht bloß ein λόγος, sondern auch ein τόπος "erlangt"
   wird, erweist sich das "Getroffenwerden" durch das Wort als Überinter-
   pretation. λόγος προσήκων kann man auch nicht als "ihm zukommendes
   Wort" übersetzen. Es liegt vielmehr ein stoischer terminus technicus
   vor, cf. den im Patr. Greek Lex. unter προσήκω zitierten Beleg aus Cle-
   mens Alex. (Paid. I 13): τὸ δὲ κατορθούμενον κατὰ τὴν τοῦ λόγου ὑπακοὴν
   προσῆκον καὶ καθῆκον Στωϊκῶν ὀνομάζουσι παῖδες = "Das dem Hören der
   Lehre entsprechende Rechte nennen die Jünger der Stoiker Geziemendes
   und Pflicht". λόγος προσήκων ist demnach der "geziemende, passende Logos", also der richtige, rechte, damit kommt er dem ὀρθὸς λόγος sehr
   nahe. - τόπου κυρίου in c. 17,7 läßt nicht erkennen, ob der Nominativ
   τόπος κυρίου oder τόπος κύριος heißt; "Ort des Herrn" wäre nicht ohne
   biblische Vorbilder, die Übersetzungen schwanken zwischen beiden Mög-
   lichkeiten. Aber die Parallele zu λόγος προσήκων verlangt τόπος κύριος,
   "eigentlicher Ort".
29 Auf dieses Kolon geht B. Alands Auslegung nicht ein.
30 cf. c. 21,2.

Logos ist. Dies ist es, was der Gnostiker erlangen kann. Jene
vertrackte Stelle aus VI 17,7 meint also den "eigentlichen
Ort, an dem man (d. h. der Gnostiker) ein Logos wird", das
eben ist auch der "Ort des Entstehens" von VI 10 (p. 137,25).
Der polemische Bezug Hippolyts in seiner Regula fidei läßt
sich daher über das eingangs Gesagte hinaus präzisieren: er
stellt dem "geziemenden Logos", der zum Logos macht, seinen
"wahren Logos" entgegen, dessen Annahme zu Gott macht. Wie
wichtig ihm dieser Gedanke ist, sieht man daran, daß er im
letzten Satz des ganzen Werkes noch einmal ausgesprochen wird:
"Gott ist nämlich nicht arm (πτωχεύει)[31], macht er (doch) auch
dich zu (einem) Gott zu seiner Ehre."

Aus der Tatsache, daß aus dem Kontext in VI 10 und 17 die
besprochenen Zeilen nicht erklärt werden konnten, wohl aber
durch Heranziehen eines anderen Bestandteils des Sondergutes,
in diesem Fall von V 21, ist zu folgern, daß wir hier ein weiteres der Phänomene vor uns haben, die "eine Hand", einen "Redaktor" am Werke zeigen, ein weiteres Beispiel für den Konnex
literarischer Art, der zwischen den Partien des Sondergutes
besteht. Wenn man zu genauerer Kennzeichnung des Redaktors zunächst nur das auswertet, was wir bisher aus der Apophasis Megale und dem Sethianerbericht zitiert haben, so sehen wir, daß
der Redaktor wie Hippolyt ein christlicher Logostheologe[32]
ist - innerhalb der Topoi dieser Theologie vertreten sie allerdings zwei verschiedene Auffassungen von der Entstehung des
Logos. Angesichts dieser Gemeinsamkeit muß die Grunddifferenz
in der Einstellung zur Gnosis ein Punkt sein, der für Hippolyt
von existentieller Bedeutung war, denn gerade wegen seiner Logostheologie sah er sich ja seinerseits angefochten. Auch für
den Redaktor ist der Logos der Christus des NT - siehe oben

---

31 cf. 2. Kor. 8,9?
32 Es ist zur Zeit Hippolyts noch keineswegs selbstverständlich, daß
   christliche Theologie Logostheologie ist. - Staehelin (p. 17) hat ge-
   merkt, daß in den Berichten über die Sethianer und Peraten der Logos
   eine "unnötige" Zutat ist, christlich, "wiewohl im gnostischen Sinn
   aufgefaßt". p. 75: "Die Anschauungen über den Logos sind" dort "sehr
   stark der späteren katholischen Kirchenlehre angenähert", auch das
   spräche sehr dafür, "daß unsere Darstellungen einer späteren Zeit ange-
   hören, in welcher der Gnosticismus sich wieder fast ganz der zur Herrschaft gekommenen katholischen Theologie anschloß".

die "Knechtsgestalt" aus Phil. 2; der Logos in Knechtsgestalt
ist im Sondergut noch mehrfach zu finden.

Betrachtet man die Stellen aus VI 10 und 17 (Apophasis) und
V 21 (Sethianer) unter Einbeziehung von etwas mehr Kontext,
dann erhält man weitere Einblicke in die Logostopik[33], die
Hermeneutik und die literarische Arbeitsweise des Redaktors.
V 21 bietet eine Darlegung über Mischung und vor allem Entmischung (diese hat wie jene ihren eigenen Ort, wie immer wieder gesagt wird) als wichtigen Lern- und Lehrgegenstand der
Sethianer. Für die Entmischung werden durch das ganze Kapitel
hindurch Beispiele gegeben. Eins davon ist in § 5 das sich in
der Verwesung auflösende und verschwindende Lebewesen. Der
Text fährt fort (p. 123,24-26): "Dies ist ($\tau o \tilde{u} \tau \acute{o}$ $\acute{\epsilon} \sigma \tau \iota$), sagt
er, der Ausspruch: 'Ich bin nicht gekommen, Frieden auf die
Erde zu bringen, sondern das Schwert'[34], d. h. ($\tau o \tilde{u} \tau'$ $\acute{\epsilon} \sigma \tau \acute{\iota}$) das
Vermischte zu scheiden und zu trennen." Im Zusammenhang er-
scheint das Zitat ganz abrupt, der inhaltliche Bezug wird auf
simpelste Weise durch die Identifikationsformel "das ist" hergestellt; so entsteht der Eindruck einer Interpolation. Immerhin folgt mit "d. h." ein erläuternder Nachsatz, der die
Rechtfertigung für die Gleichsetzung des bisher Gesagten mit
dem biblischen Zitat liefern soll; hierfür werden Vokabeln aus
dem interpolierten Text verwendet (das Ende des redaktionel-
len Eingriffs hebt sich daher kaum vom Kontext ab). Dieses
Verfahren läßt sich im ganzen Sondergut beobachten, mit ganz
verschiedener Streuungsdichte in den einzelnen Bestandtei-

---

33 Zur Logostopik gehören auch die schon von Staehelin (p. 66) beobachte-
ten Fälle von Zitateinleitungen mit den Worten: "der Logos spricht",
"das vom Logos Gesagte", wobei es sich sowohl um Texte des Alten wie
des Neuen Testaments handeln kann und keineswegs nur solche, wo Gott
oder Jesus spricht. - Die Zitateinführungen reden häufiger von der
"Schrift" (Staehelin ibid.). Staehelin schließt daraus, "daß eine bestimmte Zahl von Büchern bei den gnostischen Sekten, welche Hippolyt
beschreibt, als 'die Schrift' ein autoritatives Ganzes bilden" (ibid.).
Freilich sei es "nicht absolut sicher" festzustellen, ob die Einlei-
tungsformeln von Hippolyt oder seinen Quellenschriften herstammen, man
könne es aber für wahrscheinlich halten, daß Hippolyt "auch hier wie
gewöhnlich treu seinen Berichten folgt" (p. 67). Hippolyt folgt in der
Tat seiner Quelle, nämlich dem Sondergut in seiner redigierten Gestalt:
die Zitationsformeln und die Zitate sind die des Redaktors und nicht
die der gnostischen Sekten.
34 Mt. 10,34.

len[35]. Die Absicht der Interpolation ist Interpretation, und

---

35 Am geringsten hat der Redaktor im Valentinianerbericht eingegriffen
(VI 29 - 36). Daran liegt es, daß Staehelin p. 78 f. feststellen kann,
"von allen Berichten" sei der über die Valentinianer "am klarsten ab-
gefaßt und am besten geordnet; deshalb können wir auch hier nicht, wie
bei den bisher besprochenen, aus der Zerfahrenheit und aus inneren Wi-
dersprüchen auf ein spätes Alter der Abfassung schließen; die Darstellung des valentinianischen Systems, wie sie uns unser Häreseolog bietet, weicht zwar ziemlich oft von der Darstellung des Irenäus, auf welche sie etwa hinweist, ab, ist aber in sich selbst logisch und ohne
Inconcinnitäten." Und p. 87: Der Valentinianerbericht hat "keine irgendwie auffallenden Einzelberührungen" mit anderen Stücken des Sondergutes. Dementsprechend hat Frickel in seinem Buch über die Apophasis den Valentinianerbericht auch nur "eventuell" zum Sondergut gerech-
net (p. 12 n. 5), doch hat er inzwischen diese Bedenken aufgegeben
(briefliche Mitteilung vom 16. April 1980). Schon Wendlands Apparat
gibt zu p. 161,9 und 11 Querverweise auf die Apophasis. Außerdem findet man auch im Valentinianerbericht biblische Einschübe von der Art
des Redaktors. Zwei davon besprechen wir hier, weil an ihnen die Me-
thode des Redaktors sich einprägen läßt.
a) VI 30,9. Dieser ganze § stammt vom Redaktor. Am Ende von § 8 hatte
es geheißen, die Sophia habe (weil sie es nicht besser konnte) eine
οὐσία ἄμορφος καὶ ἀκατασκεύαστος hervorgebracht, womit ihr Werk negativ beurteilt ist. Das Stichwort ἀκατασκεύαστος, das auch Gen. 1,2 LXX
(für "leer") verwendet wird, gibt Gelegenheit, nun tatsächlich Gen. 1,2
zu zitieren und zwar mit der typischen Identifikationsformel, p. 158,
11 f.: "καὶ τοῦτό ἐστι, φησίν, was Mose sagt: 'Die Erde aber war unsichtbar und ungeordnet'". Es folgt der zweite Schritt, der die Verwendung des Zitats erläutern soll: αὕτη ἐστί - auf die "Erde" bezogen
(entspricht dem τοῦτ'ἐστί anderer Passagen). Die Erläuterung geht offensichtlich vom "unsichtbar" des biblischen Zitats aus und versteht
es positiv. Die Interpretation durch den Redaktor ist also gegen den
Sinn des Interpretierten vorgenommen. Man vergleiche § 8 mit dem Folgenden (p. 158,12-14): "Diese ist, sagt er, das gute, 'das himmlische
Jerusalem' (Hebr. 12,22), in welches Gott hineinzuführen verhieß die
Kinder Israels, indem er sagt: 'Ich werde euch hineinführen in das
gute, Milch und Honig fließende Land (γῆν)' (cf. Ex. 33,3; 3,8)".
b) VI 32,7 erste Hälfte. An sich müßte man § 7 - 9 analysieren, der
Text ist durchsetzt von Meinungen des Redaktors; ein Teil des Textes
(p. 161,6 καλεῖται - 8) liegt aber nur noch im Referat Hippolyts vor,
das würde die Analyse noch umständlicher und zu platzraubend machen.
Dem § 7 geht der Bericht über die Sophia und ihre πάθη voran, mitsamt
den Hypostasierungen der "Leidenschaften": aus der Furcht wird die psy-
chische οὐσία etc. § 7 beginnt: "Der Demiurg (wird) aus der Furcht"
(man vgl. dazu p. 161,8 aus Hippolyts Referat: Aussagen über das Psy-
chische sind solche über den Demiurgen - dahinter verbirgt sich natürlich die Lehre von der Weltseele). Zum Satz "Der Demiurg aus der Furcht"
erklärt der Redaktor (p. 161,2-5): "Dies ist, was, sagt er, die Schrift
sagt: 'Der Anfang der Weisheit ist die Furcht des Herrn'. Denn dies
ist der Anfang der Leiden der Sophia: sie fürchtet sich nämlich, danach wurde sie traurig, dann geriet sie in Verwirrung, und so floh sie
zu Gebet und Flehen." Auf das Zitat folgt eine Begründung für die iden-
tifizierende Zitation, und die Begründung wird wie sehr oft aus dem
vorangehenden Textmaterial geschöpft (hier p. 160,22 f. 25 f.).

es ficht den Interpreten wenig an[36], wie gewaltsam er sowohl
mit seiner Vorlage wie mit dem Bibelzitat umgeht, der Zauber-
schlüssel des "dies ist (sc. dasselbe wie[37])" macht alles möglich. Die hermeneutische Wirkung des Verfahrens ist durchaus
ambivalent: die Bedeutsamkeit des mitgeteilten Stoffes, der
bearbeiteten Quelle für den gnostischen Christen (oder den
christlichen Gnostiker) soll dargelegt werden; gleichzeitig
aber ergibt sich, was alles mit Hilfe dieses Stoffes aus dem
biblischen Text herausgelesen bzw. in ihn hineingelegt werden
kann. Hier in V 21, wo es um den Ort der Entmischung geht,
wird seine Bestimmung mit Hilfe der Logostheologie getroffen;
diese Kenntnis haben nur bestimmte Leute: § 6 (p. 124,1-3):
(den einen Ort), "den niemand kennt, sagt er, als allein wir,
die geistlichen, nicht fleischlichen, Wiedergeborenen, deren
'Bürgerschaft in den Himmeln'[38] oben ist." Wie wir oben aus
§ 9 hörten, ist der Logos, der in Knechtsgestalt erschienen
ist, der "eigentliche" Ort, der Logos scheidet den Gnostiker
vom Nichtpneumatiker. D. h. daß Mt. 10,34 in § 5 als Beleg
für die τομεύς-Funktion des Logos[39] herangezogen wird - besonders wirksam belegt als Selbstaussage Christi d. h. des
Logos.

Die gleiche Funktion hat der Logos in VI 10 und 17 (Apophasis). Das ganze c. 10 und nicht bloß das Ende von § 2, von
dem wir ausgingen, ist dem Redaktor zuzurechnen (p. 137,16-
26): § 1 "Und dies ist (τοῦτό ἐστι), sagt er, das in der
Schrift Geschriebene: 'Der Weinberg des Herrn Zebaoth ist das

---

36 Aber wohl den Hippolyt, wie im Zusammenhang von V 21 der § 7 zeigt,
   wo Hippolyt die Willkür tadelt, mit der Schriftworte benutzt werden.
37 Oder: "(was gemeint ist mit)".
38 Phil. 3,20.
39 Zum Logos Tomeus s. Krämer p. 269 ff. und p. 282 n. 339 im Wesentlichen nach Philo mit den neupythagoräischen Zusammenhängen. - Für den
   Redaktor liegt die "schneidende" Funktion des Logos=Christus im soteriologischen Bereich: er trennt die Pneumatiker von denen, die es
   nicht sind. - Von Krämer nicht verwertet (jedenfalls nach Ausweis seines Registers) ist V 12,2 aus dem Eingang des Peratenberichts; dies
   ist leider wieder nur Referat Hippolyts und daher wahrscheinlich verkürzt, aber gedrängt voll von technischen termini, wie sie Krämer ge-
   sammelt hat. Hier kommen anscheinend schon die drei ersten Prinzipien
   aus Einem durch die dihäretische Funktion des schneidenden Logos zu-
   stande, jedenfalls aber die Dihärese des Einen zum unendlich Vielen.
   In diesem Fall gehört der Logos Tomeus zur Quelle und nicht zur Redaktion.

Haus Israels, und der Mann (ἄνθρωπος) aus Juda der geliebte
Neugepflanzte[40].' Wenn aber der ἄνθρωπος aus Juda der geliebte Neugepflanzte (ist), ist erwiesen, sagt er, daß das
Holz[41] nichts anderes ist als der Mensch. § 2 Aber über seine Aussonderung (ἔκκρισις) und Unterscheidung (διάκρισις),
sagt er, hat die Schrift genügend gesagt, und den ἐξεικονισ-
μένοι[42] genügend zur Lehre das (folgende) Gesagte: 'Alles
Fleisch ist Gras und alle Herrlichkeit des Fleisches wie die
Blüte des Grases. Das Gras ist verwelkt, und seine Blüte ist
abgefallen; aber das Wort des Herrn bleibt in Ewigkeit.' Das
Wort des Herrn aber, sagt er, ist das im Munde gezeugte Wort
(ῥῆμα καὶ λόγος), anderswo gibt es keinen Ort der Entstehung."
Der fleischliche Mensch vergeht, jener der "neu gepflanzt"
ist, ist ausgesondert und vergeht nicht, weil er Logos ist.
Die Lehre des Wortes und seine Annahme nehmen diese Unterscheidung vor: aus dem Logos wird man Logos und daher geret-
tet.

In VI 17 bietet sich dem Redaktor eine Möglichkeit, vom Lo-
gos wieder ausdrücklich als Schwert zu sprechen. Die höchst
wacklige Stichwortassoziation, mit der er bei dieser Gelegen-
heit arbeitet, ist ein schönes Beispiel seiner gewaltsamen
Interpretationen; immerhin läßt er den Leser auf diese Weise
über seine Intentionen nicht im Unklaren. § 4 ff. in diesem
Kapitel handeln vom Feuer als dem Anfang des Werdens und der
Begierde. Das eine Feuer wandelt (στρέφεται) sich auf zwei
Weisen, männlich und weiblich: Same und Milch, Zeugung und
Nahrung für das Gezeugte. Hier, am Ende von § 5, fährt der
Text unter Aufnahme des Stichworts στρέφειν fort (p. 143,20
f.): "Dies, sagt er, ist das 'feurige Schwert, das hin und her
gewendete (στρεφομένη) zu bewachen den Weg zum Holz des Le-
bens'." In § 6 ist wieder von der Verwandlung des Blutes in
Samen und Milch die Rede[43], dann aber von der dynamis (cf.

---

40 Jes. 5,7.
41 cf. den Baum in c. 9.
42 Die "Ausgeprägten" sind für den Redaktor die christlichen Gnostiker.
   Die Vokabel gehört aber nach der Menge ihres Vorkommens schon in den
   Apophasiskommentar - und wie gnostisch ist der?
43 Das paßt zum unmittelbar Folgenden so schlecht, daß man vermuten kann,
   hier gebe der Redaktor Stichwortanschluß an den Text, der seiner Un-
   terbrechung vorausging.

§ 3). Die Aussagen über die dynamis füllen den ganzen § 6,
werden aber unterbrochen von einem wiederholenden Rückverweis
auf die eben zitierte Interpolation des Redaktors (p. 143, 24
f.): "Es wird aber bewacht, sagt er, das Holz des Lebens durch
das hin und her gewendete Schwert, wie wir gesagt haben"; da
die nächsten Worte lauten (Zeile 25): "die siebente Kraft, die
aus sich selber (ist)", ergibt sich für den Leser, daß das
Flammenschwert die siebente Kraft sein muß[44]. Zu Beginn des
§ 7 spricht wieder der Redaktor vom Flammenschwert und vom
Holz des Lebens, von diesem letzteren jetzt aber auf eine Weise, die für den Leser der biblischen Geschichte von der Ver-
treibung aus dem Paradies verblüffend ist; er sagt nämlich
(p. 143,26 ἐάν - 28 ξύλον): "Wenn nämlich das flammende
Schwert nicht (hin und her) gewendet wird, dann wird jenes
schöne Holz vergehen und vernichtet werden". Für den Baum des
Lebens würde man dies Schicksal ja nicht gerade erwarten! Die
Erklärung ist aus c. 10,1 (p. 137,19 f.) zu holen: "das Holz
ist nichts anderes als der Mensch", dort war es der "neugepflanzte", ausgesonderte Mensch, also der Gnostiker. Dasselbe
ist mit dem "Holz" c. 17,7 (p. 143,28) gemeint: der Logos Tomeus bewacht den Gnostiker[45]. In c. 17,7 sind schließlich die
Wörter über den eigentlichen Logos und den Logos, der gezeugt
wird, dem Redaktor zuzuschreiben (s. schon oben).

Wir müssen noch einmal zu Kapitel V 21 aus dem Sethianerbericht zurückkehren. Wenn wir von den Zitaten und Sätzen abse-

---

44 D. h. aber wiederum: der Logos! Cf. in c. 13 p. 139,3 ff.: ὁ λόγος ...
λέγει: Jes. 1,2 ὁ δὲ λέγων ταῦτα, φησίν, ἡ ἑββόμη δύναμίς ἐστιν. ὁ
ἑστώς, στάς, στησόμενος. Wenn man die Aussagen über den Logos, die
siebente Kraft und den Nous in den Kapiteln 13 und 14 miteinander ver-
gleicht, dann ergibt sich eine Vorordnung des Logos gegenüber dem Nous
(s. o. n. 18). In c. 18 sind Nous und Epinoia aus der Sige entstanden,
vom Logos ist keine Rede. Statt dessen erscheint der Vater und wird
mit dem "Stehenden" identifiziert. - Eine vorzügliche weiterführende
Interpretation des 18. Kapitels bei B. Aland, Gnosis und Philosophie
p. 44 ff., über die Relation des 18. Kapitels zu den vorangegangenen
ibid. p. 52 ff. Mir scheint, daß auch nach Ausscheiden der offensicht-
lichsten Eingriffe des Redaktors in VI 9 - 17 die Aussagen von c. 18
mit denen der vorangehenden Kapitel nicht vollständig auszugleichen
sind. Aber im Peratenbericht gibt es gar drei verschiedene Prinzipien-
lehren!
45 In denselben Gedankenkreis gehört das Zitat Mt. 3,10 in c. 16,6: die
Axt, das Abhauen, das Verbrennen des unfruchtbaren Baums beschreiben
die Aussonderungsfunktionen des Logos.

hen, die dem Redaktor zuzuschreiben sind, bleibt ein Text übrig, von dem gilt, was Hippolyt am Anfang von V 20 sagt: die
Sethianer benutzen für ihre Lehre Aussagen der Physik. Es werden verschiedene Beispiele gegeben, wie man Mischungen analysieren kann (eine gute Nase kann die Bestandteile einer Duft-
mischung erkennen z.B.) und bei welcher Gelegenheit sich Dinge entmischen (Lebewesen in der Verwesung z.B.). In diesen
Zusammenhang gehört offensichtlich die wiederholte Aussage
vom spezifischen Ort der Entmischung, der von Fall zu Fall
verschieden ist. Wenn der Redaktor vom "eigentümlichen Ort"
redet, hat er das also diesem Lehrstück der Sethianer entnom-
men (die ihrerseits mit gängigem Material der physikalischen
Handbücher arbeiten) und den Ausdruck nicht nur in seinen Lo-
gosaussagen innerhalb dieses Kapitels, sondern auch in seiner
Bearbeitung der Apophasis benutzt; die Beziehung auf den Logos als den eigentlichen "Ort" der Entmischung des Gnostikers
hat er im Zusammenhang des Sethianerberichts hergestellt, und
in dieser Kombination hat er den Gedanken wiederverwendet.

   V 21 enthält auch eine der Stellen im Sondergut, wo der Stachel des Zitterrochens vorkommt, der Gold anziehen kann[46].
§ 8: "Alles Vermischte nun, sagt er, hat, wie gesagt wurde, einen eigenen Ort (sc. der Entmischung) und eilt zum Gemäßen,
wie das Eisen zum Magnetstein[47] und das Heu in die Nähe des
Bernsteins und das Gold zum Stachel des Meerrochens." Die drei
Beispiele erscheinen schon im Naassenerbericht (V 9,19) im Zusammenhang einer hochbefrachteten Auslegung der vier Paradie-
sesströme, die mit den vier Sinnen verglichen werden, der Euphrat als vierter mit dem Mund (§ 18), durch den das Gebet
ausgeht und die den geistlichen vollkommenen Menschen ausbil-
dende Nahrung eingeht. Hierauf folgt (p. 101,22) die interpretierende Identifikationsformel "Dies ist", die in diesem
Fall einen besonders vagen Anschluß bildet, sich aber wohl

---

46 cf. Koschorke p. 97 f. unter Verweis auf Staehelin p. 54 f., der den
   goldanziehenden Zitterrochen "sonst nirgens in der ganzen alten Literatur findet." Unter den von Koschorke aufgezählten Stellen hat Basilides VII 25,6 nur das Naphta, während der Peratenbericht V 17,9 es neben die drei anderen Dinge stellt.
47 In § 9 spielt der Redaktor darauf an: zum Logos eilt man schneller
   noch als das Eisen zum Magnetstein.

auf die geistliche, vollkommen machende Nahrung bezieht:
"Dies, sagt er, ist das Wasser über der Feste", von dem der
Heiland sagt, es sei lebendig und sprudelnd[48]. § 19: "Zu diesem Wasser, sagt er, geht jede Natur und wählt sich ihre Substanzen aus, und jeder Natur geht von diesem Wasser das Ge-
mäße zu, sagt er, mehr als das Eisen dem Magnetstein und das
Gold dem Röhrenknochen des Seerochens und das Heu dem Bern-
stein." Aus § 20 sieht man, daß mit den geheimnisvollen Worten über das Wasser zunächst nichts anderes gemeint ist, als
daß ganz verschiedene Pflanzen (Ölbaum und Weinstock) ihre
Eigenarten entwickeln, indem sie sich vom selben Wasser er-
nähren. Die wörtliche Übersetzung von § 19 läßt erkennen, daß
der Vergleich mit Eisen etc. weder syntaktisch noch inhaltlich genau paßt, vermutlicher Assoziationspunkt war τὸ οἰκεῖον
(p. 101,26 f.). Dies spricht dafür, daß die Beispielgruppe
ihren sachgemäßeren Platz in V 21 hat und der Redaktor es ist,
der sie auch in V 9 untergebracht hat. Dieselben drei Beispiele für Entmischung durch Anziehung, nun aber vermehrt um
das Naphta, das das Feuer anzieht (für die Entmischung war das
Naphtabeispiel nicht brauchbar), tauchen wieder auf in V 17
(Peratenbericht). Der Grundgedanke des Kapitels ist, daß der
vom Vater "ausgeprägte" Sohn die väterlichen charakteres auf
die Materie "überträgt", das Stichwort "übertragen" ist auch
für die Soteriologie des Kapitels zentral: der Sohn bringt
die aus dem Schlaf Erweckten und zu väterlichen charakteres
gewordenen "Substantiierten" (ὑπόστατοι) aus dem "Substanz-
losen" (ἀνυπόστατον) wieder hinauf (§ 8)[49]. Das "Hinübertra-

---

48 Zitiert wird eine kontrahierte Kontamination von Joh. 4, 10 und 14;
   auf diese Textkombination wird angespielt V 19,21 (Sethianer) und V
   27,2 (Baruchbuch). Sie ist daher bereits als ein Merkmal des Sonderguts erkannt, s. Koschorke p. 98.
49 Hierauf folgt zu Beginn von § 9 eine dieser abrupten Gleichsetzungen
   mit einem biblischen Satz: "Dies ist, sagt er, das Gesagte: 'Ich bin
   die Tür' (Joh. 10,17)". Nach unseren Beobachtungen müßte nun die rechtfertigende Erläuterung für die Zitation folgen. Sie setzt offenbar auch
   ein mit μεταφέρει δέ, φησίν (p. 115,18), also unter Aufnahme der Haupt-
   vokabel der Quelle. Aber die nächsten drei Wörter passen überhaupt
   nicht dazu (καμμοῦσιν ὀφθαλμοῦ βλεφάρου), das Verb wirkt verderbt, so
   daß die Übersetzungen diese Wörter meist übergehen. Die folgende ὥσπερ
   - οὕτω - Konstruktion (p. 115,19 ff.) bildet einen vollständigen Satz,
   daher setzt man nach βλεφάρου am besten einen Punkt statt des Kommas.
   Die Annahme einer Lücke vor καμμοῦσιν durch die Göttinger Ausgabe ist

gen" wird in § 10 als Herausziehen des "ausgeprägten[50], vollkommenen wesensgleichen Geschlechts aus der Welt" durch die
Schlange[51] dargestellt, dem werden die Anziehungsvergleiche
vorausgeschickt, wobei es darauf ankommt, daß immer nur etwas
ganz Bestimmtes angezogen wird "und nichts anderes" (§ 9 und
10). Innerhalb der syntaktischen "wie"-"so"-Konstruktion sind
die Beispiele sachgerecht angebracht, aber den Nuancen der
Quelle wird das nicht gerecht, wenn man den Übertragungsvor-
gang von § 5 und sein Ergebnis (p. 114,34 f.: "es ist nun alles Väterliche hier und (zugleich) nichts") mit dem von § 8
zusammennimmt. Auch auf den soteriologischen Wendepunkt des
Erweckens vom Schlaf wird kein Bezug genommen. - Das feueran-
ziehende Naphta erscheint im Basilidesbericht (VII 25,6.7),
wo es Anlaß zu Wortspielen mit ἅπτω bietet. Vielleicht ist
dies sein ursprünglicher Platz.

---

sicher richtig (Homoiteleuton veranlaßt durch eins der häufigen φησίν).
Wendlands Vorschlag, wie jene drei Worte zu lesen sind (καμμοῦσιν ὀφθαλμοῦ βλέφαρον) ist zuzustimmen. Ich denke, daß sich dieser Rest eines Satzes inhaltlich auf das Aufwachen aus dem Schlaf (p. 115,16) bezieht und daß es sich um die Leute handelt, die nicht vom Sohn "übertragen" werden, weil sie die Lider ihrer Augen geschlossen halten.

50 ἐξεικονισμένον: einer der beiden Fälle, wo die Vokabel außerhalb der
Apophasis erscheint; in den § 2 und 3 dagegen heißt "ausprägen" ἐκ-
τυπόω.

51 Die Schlange weist zurück auf § 2. § 1 bezeichnet als Prinzipien: Vater, Sohn, Materie, jedes mit unendlichen Kräften in sich. § 2 καθέ-
ζεται οὖν μέσος τῆς ὕλης καὶ τοῦ πατρὸς ὁ υἱός, ὁ λόγος, ὁ ὄφις ἀεὶ
κινούμενος πρὸς ἀκίνητον τὸν πατέρα καὶ κινουμένη τὴν ὕλην, er wendet
sich zum Vater, übernimmt Kräfte und wendet sich dann der Materie zu,
gestaltet sie durch die Ideen. Der Sohn hat also eine Funktion wie der
zweite Gott bei Numenius. Im griechischen Zitat sind ὁ λόγος, ὁ ὄφις
sekundäre Appositionen, der Logos spielt im Folgenden weiter keine
Rolle, die handelnde Figur ist immer der Sohn, die Schlange erst an
einer Stelle, die ohnehin im Verdacht steht, vom Redaktor zu stammen.
Auch die Art und Weise, wie der Sohn "ausgeprägt" wird, spricht dagegen, daß die Quelle ihn ausgerechnet als "Wort" verstanden haben sollte, § 3 p. 114,23 f.: ἐκτυποῦται δὲ ὁ μὲν υἱὸς ἀπὸ τοῦ πατρὸς ἀρρήτως
καὶ ἀλάλως καὶ ἀμεταστάτως. Das ganze Textstück p. 114,24 οὕτως - 30 f.
μᾶλλον δε΄ gehört dem Redaktor, der die Mitteilung der Ideen und Kräfte
an die Materie mit der Geschichte von den Schafen, die an der Tränke
über die Stäbe springen und deren ungeborene Lämmer verschieden gefärbt
werden, erläutert (Gen. 30,37 ff.), die Farbverschiedenheit sei der
Unterschied von vergänglicher und unvergänglicher Entstehung. In § 5
dagegen findet man den Erläuterungsversuch der Quelle für die "Übertragung" der Ideen: Abzeichnen vom Lebendigen auf eine Tafel (μᾶλλον
δέ Zeile 30 f. überdeckt die Naht zwischen Einschub und Quelle), deswegen kann auch die Folgerung gezogen werden: "alles Väterliche ist
da (nämlich in der Abzeichnung) und (zugleich) nichts."

Es ist also der Wirksamkeit des Redaktors zuzuschreiben,
wenn man nahezu textgleiche Stücke innerhalb des Sondergutes
findet; er erklärt seine Quellen nicht nur im Sinne seiner
Logostheologie und mit gewaltsamer Hilfe von Bibelzitaten, er
läßt die Quellen sich auch gegenseitig interpretieren. Das
heißt, daß die bekannteste der gegenseitigen Quellenbenutzun-
gen, nämlich der Text aus der Apophasis Megale in der Naassenerpredigt, vom Redaktor dorthin gesetzt worden ist[52].

II

Bis vor kurzem ist Refutatio IV 46 - 49 noch nicht im Zusammenhang mit dem Sondergut behandelt worden. Frickel[53] jedoch hat jüngst den gnostischen Charakter des Textes in seiner jetzigen Fassung erkannt und auf "Berührungspunkte" "mit
anderen der von Hippolyt erstmals veröffentlichten Berichte"
hingewiese.[54]. Wie Frickel[55] bin ich der Meinung, daß der vorliegende Text "auf einen älteren nichtchristlichen Aratoskommentar zurückgreift". Wendland stellte in seiner Einleitung
zu GCS 26 fest, daß der Aratoskommentar "durchsetzt" sei "mit
christlichen Umdeutungen der Sternbilder" (p. XXI). Dem ist
hinzuzufügen, daß der christliche Interpret ein Logostheologe
ist, von gnostischer Gesinnung wie gesagt. Letzteres wird spätestens IV 49,3 (p. 73,27) deutlich, wo von der πονηρὰ κτίσις[56] die Rede ist. Auf die uns bekannte Weise wird der Logos
mit einem Prädikat aus Phil. 2 versehen: λόγος δέ, φησίν, ἐστὶ
σχήματι ἀνθρώπου. Dies bezieht sich zwar auf das dort bespro-

---

52 B. Alands Urteil, Gnosis und Philosophie p. 67 n. 126, über "die Autorität der Apophasis Megale in gnostischen Kreisen" ist in diesem Sinn
   zu modifizieren.
53 J. Frickel, Unerkannte gnostische Schriften in Hippolyts Refutatio,
   in: Gnosis and Gnosticism (Nag Hammadi Studies VIII), Leiden 1977, p.
   119 - 137.
54 p. 126 mit n. 42.
55 p. 122.
56 Die "schlechte Schöpfung" noch einmal im Baruchbuch innerhalb des Berichtes über den Gnostiker Justin, also im Sondergut: V 27,3 p. 133,9;
   cf. Frickel p. 125.

chene Sternbild, trotzdem ist die neutestamentliche Anspielung
unüberhörbar, besonders, wenn gleich darauf der Logos als
"barmherzig" bezeichnet wird (c. 48,6 p. 71,18.19). Schließlich ist ein Stück Aratoskommentar am Ende von V 16 (Peratenbericht) eingebaut[57]. Es kann daher kein Zweifel an der Zugehörigkeit dieses Textes zum Sondergut herrschen.

Hippolyt begründet eigens, warum er die Gedanken des Aratos
über die "Verteilung" der Sterne wiedergibt: "Manche allego-
risieren sie, indem sie in ihnen eine Darstellung sehen von
Dingen, die in der Schrift gesagt werden" (c. 47,2 p. 68,18
f.). Umgekehrt ziehen sie die Menschen dadurch an, daß sie
meinen zeigen zu können, wie ihre Lehre bereits "unter die
Sterne versetzt worden ist" (p. 68,21). Damit hat Hippolyt
die ambivalente Deutungspraxis des Redaktors genau getroffen.
Hier wie im ganzen Sondergut ist es der synkretistische Umgang mit der Schrift, der ihm mit Recht gefährlich und ver-
führerisch erscheint. Übrigens bezeichnet Hippolyt die τίνες
von p. 68,18 im weiteren Verlauf seines Aratosberichts als
Häretiker[58], so daß er selber angibt, wo der Bericht einzu-
ordnen ist[59]. Bei Gelegenheit der Deutung des "Knienden" auf
Adam (c. 47,5) sagt er, es seien die Häretiker, die besonde-
res Interesse daran hätten, sie, "die durch den Bericht von
den Sternen ihre eigenen Meinungen darlegen wollen" (p. 70,5 f
ihre Absicht ist eine christliche (und das eben macht die Widerlegung so notwendig): "sie versuchen damit die Frömmigkeit
(θεοσέβεια) darzulegen, die (doch) mit ihrer Auffassung bei
weitem nicht vereinbar ist" (c. 50,1 p. 74,4-6).

Die Eingriffe des Redaktors beginnen in c. 47 mit dem Hiobzitat (1,7 verkürzt), welches wie üblich aus dem interpretierten Kontext erklärt wird (in diesem Fall aus dem auf das Zitat folgenden Text): c. 47,1 f. p. 69,11 καὶ τοῦτ' εἶναι ὅ
- 13 καὶ περὶ σκοπήσας τὰ γινόμενα. Die nächsten Spuren des
Redaktors sind: Die Interpretation des Knienden als Adam und
der Verweis auf Gen. 3,15: c. 47,5 p. 70,7 τὴν Ἐν γόνασι φα-

---

57 cf. Frickel p. 125 f., der aber dieses Phänomen literarisch anders beurteilt, als ich es unten tun werde.
58 "Häretiker" noch c. 50,2 p. 74,14.
59 cf. Frickel p. 123 f.

σιν - 9 τὴν πτέρναν αὐτοῦ. Die Deutung der ausgestreckten Hän-
de des "Knienden": c. 48,1 p. 70,14 οἰονεὶ περὶ ἁμαρτίας ἐξ-
ομολογούμενον. Dagegen ist unmittelbar anschließend der Logos
als Erfinder der Lyra, weil Hermes = Logos[60], auch in der
Quelle möglich, so gut es auch zu den Intentionen des Redaktors paßt.

Der letzte Satz von c. 48,2 und der ganze § 3 gehören dem
Redaktor: sechs Tage Schöpfung, siebenter Tag Ruhetag, und
die Ausführungen über Adam, seinen Gehorsam gegenüber dem Gesetz (positiv aufgefaßt[61]!) und über sein Schicksal bei Unge-
horsam: c. 48,2 f. p. 71,1 ἐν ἐξ ἡμέραις - 8 μετὰ τοῦ θηρίου.
Glosse des Redaktors zum "Knienden" (cf. c. 48,1): c. 48,4
p. 71,10 τοῦτο δὲ ἐξομολογεῖσθαι. Deutung des "Schlangenhal-
ters" auf den barmherzigen Logos in Menschengestalt: c. 48,6
p. 71,18-20.

Von c. 48,7 an beginnt im Aratoskommentar eine Auslegung
der beiden Bärensternbilder, des großen und des kleinen. Diese beiden Sternbilder sind zwei Siebenzahlen, weil aus sieben
Sternen bestehend. Der Kommentar hatte in § 2 die sieben Sai-
ten der "Lyra" als Harmonie des Weltgebäudes verstanden; tatsächlich folgt auch hier in § 7 (p. 71,21 f.) "Abbilder von
zweierlei Schöpfungen". Ein wenig später (§ 8 ff.) wird sowohl von der großen wie von der kleinen Schöpfung geredet und
in enger Verbindung damit vom Großen Bären als einem Leit-
sternbild der Griechen und dem Kleinen Bären als dem Leit-
sternbild der Phönizier in der Schiffahrt. Die nautischen Anspielungen gehören bestimmt in den Aratoskommentar. Aber würde jemand, der weder Jude noch Christ ist, von der Welt als

---

60 Diese gängige Gleichung auch im Naassenerbericht V 7,29.
61 Im Monoimosbericht, der zum Sondergut gehört, konstatiert Hippolyt am
   Ende von VIII 14, im § 9, daß "diese Leute auf eine solche Weise auch
   das ganze Gesetz annehmen". Nun ist c. 14 eine Auslegung der in der
   ersten Hälfte von c. 13 gegebenen Zahlenlehre mit biblischen Mitteln
   und als solche ein Werk des Redaktors. c. 14,4 und 5: Ob man als Gesetz den Dekalog oder den Pentateuch bezeichne, es ist immer auf den
   einen Punkt zurückzuführen, von der Zehn oder von der Fünf her. Höchst
   charakteristisch für den Redaktor p. 234,8-10: ... ἢ δεκάλογος ἀλλη-
   γοροῦσα τὰ θεῖα τῶν λόγων μυστήρια. πᾶσα γάρ, φησιν, ἡ γνῶσις τῶν ὅλων
   δεκάπληγός ἐστι καὶ δεκάλογος, ἣν οἶδεν οὐδείς... Der Redaktor also ist
   es, dessen Aussagen Hippolyts Urteil über die Einstellung dieser Gnostiker zum Gesetz bestimmen.

Schöpfung, κτίσις, sprechen? Sollte nicht vielmehr der Kommentar von megas kosmos und mikros kosmos gesprochen haben? Wenn
das eine mögliche Vermutung ist, würde es bedeuten, daß der
Redaktor nicht bloß interpoliert hat, sondern auch in den
Textpartien, die er übernommen hat, gelegentlich Wörter durch
andere ersetzt hat. Jedenfalls ist es die Lehre von zweierlei
Schöpfungen, wie der Redaktor sie versteht, was als erste
Schöpfung κατὰ τὸν Ἀδάμ "in Mühen" und als zweite Schöpfung
κατὰ Χριστόν, "durch welche wir wiedergeboren werden", dargestellt wird. "Erste" und "zweite Schöpfung" sind die eigentlichen termini des Redaktors, wogegen nachher "große" und
"kleine" Schöpfung durch den von ihm bearbeiteten Text bedingt
sind. Wie literarisch störend diese Aussagen sind (wenn auch
höchst erhellend für die Theologie des Redaktors), zeigen die
herangezogenen Sternbilder: während doch gerade eine Erklärung der beiden Bären begonnen worden war, werden für Adam
der Kniende und für Christus der Schlangenhalter als himmlische Bilder angegeben, Sternbilder, die vorher abgehandelt
worden waren. So bleiben für den Redaktor: c. 48,7 p. 71,22
κτίσεων. c. 48,7 p. 71,22 πρώτη γάρ, φησίν - 26 τῷ ἀνθρώπῳ.
In § 8 vermutlich nur die Erwähnungen von "Schöpfung", ὀπίσω
ist zwar vom Redaktor pejorativ verstanden, s. § 10, aber
nicht notwendigerweise von der Quelle.
c. 48,9 p. 72,5 τῆς δευτέρας - 8 Κυνοσουρίδα[62]. In diesem § 9
wird die zweite Schöpfung plötzlich als κατὰ θεὸν κτισθείσῃ
qualifiziert; ist dann die erste Schöpfung nach Meinung des
Redaktors nicht von Gott? Wendlands fragender Hinweis auf Eph.
4,24 ist wahrscheinlich richtig: "der neue Mensch, der κατὰ
θεόν geschaffene," hat die Formulierung beeinflußt. Der Redaktor zitiert außerdem eine Kontraktion von Mt. 7,13.
Fast unlösbar ist die Aufgabe, in § 10 eine Trennung von Redaktor und Quelle durchzuführen; falls der Abschnitt vom Redaktor gebildet ist, dann unter Benutzung von reichlichem Material der Quelle. Man kann versuchen herauszupicken, welche

---

62 p. 72,7 f. "sie sagen aber, daß die Kynosuris schmal (στένη) sei", ist
   die typisch nachgelieferte Begründung für das Zitat Mt. 7,14. Mt. 7,13
   f. auch im Naassenerbericht V 8,45 (nicht bloß das Zitat, sondern der
   ganze § 45 stammt vom Redaktor).

Ausdrücke nur vom Redaktor stammen können:
c. 48,10 p. 72,13 "die zweite Schöpfung", "der schmale Weg";
Zeile 14 "rückwärts", "vorwärts" - cf. Phil. 3,13. Die Identifizierung des "Hundes" mit dem Logos stammt wohl aus der
Quelle. Zeile 16 f. "die Herde von den Wölfen" (bedroht) -
cf. Acta 0,29[63]. Vom Redaktor wohl aus der Konstruktion τοῦτο μέν - τοῦτο δέ - τοῦτο δέ (Zeile 15 - 18) der zweite Satz
(Jagen und Vernichten der Tiere durch den Logos seit der
Schöpfung).
Leichter ist die Unterscheidung in § 12:
c. 48,12 p. 72,25 f. τὰ ζῶντα ἀπὸ τῶν νεκρῶν, p. 72,27 οὖτος
οὖν, φησίν - p. 73,3 ἀνθρώπων, ὁ λόγος[64] - gehören dem Redaktor.
Der erste Satz von § 13 schließt die Erwägungen über die Kynosuris ab (p. 73,4 stünde daher besser ein Punkt nach οὐρα-
νῷ), sie ist "Abbild der λογικὴ κτίσις". Auch das ist wohl
der Redaktor. Der große Rest des Paragraphen und § 14 reden
wieder von der "großen" und "kleinen" Schöpfung, jetzt aber
angewendet nicht auf die beiden Bären, sondern auf den "Knienden" und den "Schlangenhalter", daß es bedeutsam sei, daß
der Drache dazwischen ausgespannt sei (verhindert den Übergang von der großen zur kleinen Schöpfung) und schildern die
komplizierten Bewachungsverhältnisse: der Drache (= der Teu-
fel[65]?) bewacht die kleine Schöpfung, wird aber selber vom
Schlangenhalter (= Christus) bewacht. "Dies Abbild, sagt er,
steht am Himmel und ist eine Weisheit für die, die zu sehen
vermögen" (p. 73,9 f.). Dieser ganze Rückgriff mit seiner

---

63 Gegen Staehelin p. 55 n. 1 ist also die Apostelgeschichte vom Sondergut (d.h. vom Redaktor) benutzt.
64 p. 73,1-3 ("Wie der Hundsstern auf die Schöpfung der Pflanzen schaut,
   so auf die himmlischen Pflanzen, sagt er, (d.h. auf die Menschen, der
   Logos") ist die Quelle für eine Bemerkung im Logoseinschub in VI 13
   (Apophasisbericht), den wir oben schon dem Redaktor zuschrieben: "deswegen, sagt er, blickte vielfach der Logos auf das aus Nous und
   Epinoia, d.h. aus Himmel und Erde, Gezeugte und sagt: Jes. 1,2."
   ist eine weitere Bestätigung für die Zugehörigkeit des Aratoskommentars zum Sondergut.
65 Das muß man nach IV 47,1 f. annehmen, denn das Hiobzitat, das der Redaktor heranzieht, betrifft ja den Satan. Wenn man das Zitat und seine Begründung wegläßt, bleibt eine positiv wirkende Beschreibung übrig; dies zu bemerken ist wichtig für die Benutzung der gleichen Passage im Peratenbericht, wo sie auf den Logos ausgelegt wird (s.u.)!

Kontamination der Terminologie ist Werk des Redaktors und un-
terstreicht sein Hauptinteresse: die Lehre von den beiden
Schöpfungen am Himmel wiederzufinden.

Die Deutung des Kepheus in c. 49 ist offensichtlich vom Redaktor zum Vorangehenden gezogen worden, wie man aus seinen
Bemerkungen am Ende von c. 48 schließen kann. Was ihm dieses
Stück Kommentar so brauchbar machte, war die darin vorliegende Deutung des Perseus auf den Logos und des Schwanes auf den
"Geist in der Welt". Kepheus, Kassiopeia, Andromeda, Perseus
sind "ihm große Buchstaben der Schöpfung für jene, die zu sehen vermögen" (§ 1 p. 73,15 f.). Im nächsten Satz gehen die
Identifikationen der beiden erstgenannten (die ja ein Eltern-
paar sind) mit Adam und Eva mit Sicherheit auf ihn zurück,
aber für Andromeda (ihre Tochter) = beider Seele ist das eben-
sowenig nötig wie für Perseus = Logos. § 2: Aus dem verwerte-
ten Andromedastoff ergab sich von selbst der Logos als Retter
der Seele; aber die Akzentuierung, daß der Tiertöter "nur auf
die Andromeda zugeht und auf keinen der anderen" (p. 73,18-20),
klingt nach dem Redaktor. In § 3 legt der Kommentar den Schwan
bei den Bären als Geist in der Welt aus, es ist der Redaktor,
der ihn als "Symbol des göttlichen Geistes" (p. 73,25) bezeichnet; daß der Schwan erst gegen Lebensende singen kann,
stand wahrscheinlich schon im Kommentar, aber der Redaktor
benutzt das als Begründung für seinen eigenen Zusatz "mit gu-
ter Hoffnung (cf. 2. Thess. 2,16) von der bösen Schöpfung[66]
befreit, Hymnen zu Gott empor sendend" (p. 73,26-28), man vergleiche die "geistlichen Hymnen" von Eph. 5,19 und Kol. 3,15.
§ 4, der letzte des Kapitels,ist wieder einer von denen, wo
literarische Scheidung nicht eindeutig durchzuführen ist und
auch die Verteilung der Motive unsicher bleibt. Gehört p. 74,
1 f. dem Redaktor? Der "wandelbaren Schöpfung" kann man die
"wandelbare Entstehung" (μεταβλητὴ γένεσις[67]) aus V 7,23 p.

---

66 Man erinnere sich, daß die beiden Bären ("bei denen der Schwan ist")
   die beiden Schöpfungen bedeuten.
67 μεταβλητὴ γένεσις wiederum V 16,6 p. 112,3 (Peratenbericht), im gleichen Bericht innerhalb des Proastierbuches p. 103,13 φθαρτὴ γένεσις.
   Da ein peratisches Hauptthema der "Zwang des Werdens" ist, ist hier
   die Quelle des Redaktors für diese termini zu suchen.

84,8 (Naassenerpredigt) an die Seite stellen[68].

Die Analyse, die den Anteil des Redaktors am Text möglichst genau erheben will, läßt als zweites Produkt den Charakter der vom Redaktor in seinem Sinn bearbeiteten Quelle zutage-treten. Der Aratoskommentar, den er benutzt, ist ein stoischer, von allegorisch-moralischer Art, wie an c. 48,8 besonders deut-lich wird. Der damit vorgegebene sowohl kosmologische wie an-thropologische Bezug unter Verwendung von Logos und Pneuma machte gnostische Christianisierung sehr leicht[69].

Wie schon gesagt, wird der Aratoskommentar noch einmal im Sondergut herangezogen, nämlich im Peratenbericht, am Ende von V 16. Die Assoziation ist durch den peratischen Stoff veranlaßt, von dem Hippolyt sagt, er sei astrologischer Art (V 13 Ende und 15 Anfang). Unmittelbarer Anknüpfungspunkt ist die Gleichsetzung des (großen) Himmelsdrachens mit der Schlan-ge, wie sie durch eine Apposition (durch den Redaktor?) be-reits im Aratoskommentar vorgenommen worden ist (IV 47,2 p. 69,14). V 16 ist spätestens ab § 3[70] vom Redaktor ausgiebig interpoliert und kommentiert worden, doch das Ausmaß seiner Eingriffe ist, auch was den Stoff[71] betrifft, sehr schwer zu

---

68 p. 84,5-10 ist Referat Hippolyts; man erkennt, daß für Zeile 8 ἡ μετα-
βλητή - 10 ἀναδείκνυται dem Referat Aussagen des Redaktors zugrunde-
liegen, aber die Interpretation des "wandelbaren Werdens" durch die
"umgestaltete Schöpfung" scheint mir in Hippolyts Wiedergabe verkürzt.

69 Wie sich schon aus Wendlands Nachweisen ergibt, ist unser Kommentar
in der Ausgabe von Aratoskommentaren durch Ernst Maass (Commentariorum
in Aratum reliquiae, Berlin 1898) nicht enthalten. Die neue Ausgabe
von Jean Martin (Scholia in Aratum vetera, Stuttgart 1974) legt vor,
was dem alexandrinischen Aratoskommentar zugeschrieben werden kann,
der wahrscheinlich den Grammatiker Theon zum Verfasser hat. Unser Kommentar benutzt den Stoff dieser gelehrten Arbeiten (deutlich für die
Schiffahrt der Griechen und Phönizier), aber ist kein Exzerpt daraus.

70 Zwar wird die Exodusgeschichte erst von § 4 an herangezogen, aber in
§ 3 steht ein Homerzitat, das im Sethianerbericht wiederkehrt (V 20,
10), also zur vereinheitlichenden Bearbeitung gehört. - Übrigens wim-
melt der Naassenerbericht von Homerzitaten. Maddalena Scopello kündigt
in Nag Hammadi Studies VIII eine Untersuchung der Homerzitate in der
Refutatio an (p. 11 . 22).

71 Unter diesem Stoff befinden sich Züge einer kainitischen Schlangengnosis, die die totale Umwertung alttestamentlicher Werte zeigen, wie man
sie aus manchen gnostischen Quellen kennt, wie sie aber aus der posi-
tiven Einstellung des Redaktors zum AT nicht erwachsen sein können
(was ihn nicht hindert, auch sie in seine eigentümliche Interpretation
einzubeziehen, indem er die kainitischen Elemente auf die Schlange hin
auslegt und diese wieder auf Christus - cf. Joh. 3,14! Die Frage ist,

bestimmen. Aber er ist es, der die Schlange durch Zitieren
von Joh. 3,14 und 1,1-4[72] mit dem Menschensohn und dem Logos
identifiziert (§ 11 f.)[73], nachdem er sie in § 10 (Anfang)
mit dem gleichgesetzt hatte, "der in den letzten Tagen (cf.
Hebr. 1,2) in Gestalt eines Menschen (cf. Phil. 2,7) erschien
in den Zeiten des Herodes[74] (cf. Mt. 2,1)". Das Bild der
Schlange erscheint am Himmel (§ 12). Ohne sie ist nichts vom
Himmlischen, Irdischen, Unterirdischen entstanden (§ 14), d.h.
sie wird als Logos = Schöpfungsmittler verstanden. § 15 und
16 bringen die Aratoszitate über den riesigen Drachen[75], das
gewaltige Wunder, und raffen die beschreibenden Aussagen des
Kommentars zu diesen Zitaten zusammen. Im Duktus der Interpretation ist hier also der große Drache der Logos. Am Ende
von § 16 heißt er "vollkommene Schlange"[76], der kleine Drache
ist die "unvollkommene Schlange"; auch hier wird sie vom
Schlangenhalter gehindert, an den Kranz zu gelangen, aber die
Position von Kranz und Lyra wird in diesem Zusammenhang in
ihrer Relation zum großen Drachen geschildert, obwohl auch

---

ob der Peratenbericht in seiner unbearbeiteten Form dieser Art von
Gnosis huldigte.

V 16,7 Ende: ὁ πλήρης τῶν πληρῶν ὄφις. § 8 Ende: "Die allgemeine (κα-
θολικός) Schlange ist die weise Rede der Eva"; § 9 " ... dies ist das
dem Kain gegebene Zeichen, damit jeder, der ihn findet, (ihn) nicht
töte. Dieser (ὁ ὄφις) sagt er, ist Kain, dessen Opfer der Gott dieser
Welt nicht annahm; das blutige Abels aber nahm er an; am Blut freut
sich nämlich der Herr dieser Welt ... § 10 ... Dieser (= ὁ ὄφις) ist,
sagt er, der nach dem Bilde Esaus, dessen Gewand auch gesegnet wurde, al
er nicht anwesend war, welcher nicht den schwachgesichtigen Segen emp-
fing, aber außerhalb reich wurde, indem er nichts von dem Schwachsehen-
den bekam." Man ist versucht, daneben aus V 8,2 (Naassenerbericht) zu
stellen "Mirjam die Gesuchte und Jethro den großen Weisen und Zippora
die Sehende und Moses, dessen Hervorbringung nicht in Ägypten ist, denn
Kinder bekam er in Midian"; ebenso aus c. 7,30 (Ende) den "Demiurgen
dieser Welt, Esaldaios".

72 Die Logoschristologie des Redaktors geht niemals so weit, daß er ὁ λόγος
σάρξ ἐγένετο aus Joh. 1,14 zitiert; und so gerne er von der Knechts-
oder Menschengestalt des Logos spricht, seine Anspielungen auf Phil.
2 beziehen den Tod am Kreuz nicht ein.

73 Umgekehrt identifiziert er in V 17,2 den Sohn mit dem Logos = Schlange
und in 17,8 mit der Schlange (s. o. n. 51).

74 cf. "zu den Zeiten des Herodes" im ersten Kapitel des Peratenberichts,
V 12,4 p. 105,3.

75 Das erste Zitat schreibt der Redaktor der ἀγνωσία zu (§ 15 p. 114,2),
diese Vokabel hat er aus dem Proastierbuch (V 14) übernommen, wo die
griechischen Sternennamen regelmäßig als Bezeichnungen der ἀγνωσία
charakterisiert werden. - Cf. Frickel p. 126.

76 cf. § 7.

der erbarmungswürdige Kniende erwähnt wird und sogar aus Aratos zitiert wird, daß er seinen rechten Fuß auf den Drachen
hält. Das weicht von der Deutung der Sternbilder durch den
Redaktor ab, wie sie jetzt in IV 47 vorliegt[77]. Der Redaktor
hat eben nicht seine Deutung, sondern den Kommentar ohne seine eigene Deutung mit jener Passage benutzt, die für die
Schlangengnosis am brauchbarsten war. Wir haben oben gesehen,
daß der große Drache in IV 47,1-4 nur durch die interpolie-
rende Interpretation des Redaktors eine negative Färbung erhält. Läßt man sie weg, so bleibt ein leicht auf den Logos
zu beziehender Text übrig. Wenn man sieht, was der Redaktor
mit Rm. 1,20 ff. im Naassenerbericht anstellt (V 7,16-18)[78],
wird man eine bloße Inkonsistenz wie die widersprechende Verwendung des Aratoskommentars an zwei verschiedenen Stellen
des Sonderguts nicht weiter verwunderlich finden. Die Möglichkeit, den Logos in verschiedenen Sternbildern vorzufinden,
hatte ihm ja schon der stoische Aratoskommentar vorgezeich-
net.

---

77 Daher Frickel p. 126: "Diese fundamental verschiedene Wertung der zentralen Schöpfer- und Erlöserfigur" könne nicht aus der gleichen Gruppe
stammen.
78 V 7,16 führt das folgende Zitat Rm. 1,20-23.26 f. ein als "vom Logos
gesagt". Die ἀσχημοσύνη von Vers 27 sei "nach ihnen" zu verstehen als
"die erste und selige ungestaltete ousia, die Ursache aller Gestalten
für die Gestalteten"! ("Gestalt" in allen diesen Vokabeln: σχῆμα). Diese Erläuterung (§ 18 p. 82,25-83,2) ist leider nur Referat Hippolyts,
was sie sicher noch grotesker macht. In § 14 hatte Hippolyt mitgeteilt,
daß diese Leute heterosexuelle Betätigung für schlecht und verboten
halten. Es ist aber kaum anzunehmen, daß mit der wortspielenden Umdeutung von ἀσχημοσύνη Homosexualität empfohlen werden soll. Ich denke, daß der Skopus des biblischen Textes für den christlich-gnostischen Redaktor in μετήλλαξαν τὴν φυσικὴν χρῆσιν εἰς τὴν παρὰ φύσιν
(p. 82,21 f.) und in ἀφέντες τὴν φυσικὴν χρῆσιν (Zeile 23) liegt. Wenn
man den "natürlichen Gebrauch" aufgibt bzw. "umwandelt" und zum Gegenteil übergeht, dann meint das für den Gnostiker = Pneumatiker: ein
Verständnis κατὰ πνεῦμα zu gewinnen, auf den Gebrauch von physis zu
verzichten. Hippolyt berichtet § 19, daß die paulinische Passage eine
Schlüsselstelle für diese Leute sei: sie enthalte das ganze verborgene
und unaussprechliche Geheimnis der seligen Lust. Die Verheißung des
(Tauf)Bades sei die Einführung des durch das lebendige Wasser Abge-
waschenen in die unverwelkliche Lust.

III

Bekanntlich ist am umfangreichsten Bestandteil des Sonderguts, dem Bericht über die Naassener (V 6 - 11), längst eine
Scheidung von gnostisch-christlicher Bearbeitung und der ihr
zugrundeliegenden Quelle, der Naassenerpredigt, vorgenommen
worden. Reitzenstein hat den so gewonnenen Grundtext zweimal
abgedruckt[79], wobei er in der späteren Fassung einige Komple-
xe mit der Verarbeitung alttestamentlicher Stellen wieder zur
Quelle rechnete, nachdem er sie früher ausgeschieden hatte.
Jüngst hat sich M. Simonetti[80] mit Reitzensteins Analyse aus-
einandergesetzt und sie wegen der Inkonsequenz und Inkonsistenz, die durch diese Differenzen zutagetreten, überhaupt in
Frage gestellt. Reitzenstein rechnet auch das Zitat aus der
Apophasis in V 9,5 zur christlich-gnostischen Bearbeitung,
daher befaßt sich Frickel[81] mit seiner Auffassung, - er hält
sie an diesem Punkt für falsch; trotzdem ist es Reitzenstein,
der Recht hat. Weder Reitzenstein selbst noch diese beiden
Kritiker bringen die literarische Analyse in einen Zusammenhang mit den für das Sondergut bis dahin bereits bekannten
Gemeinsamkeiten. Uns sind aus dem oben Gesagten die charakte-
ristischen Züge der literarischen Maßnahmen des Redaktors und
seiner theologischen Einstellung und vor allem der Umfang seiner Eingriffe viel deutlicher geworden. Liest man in ihrem
Lichte den Naassenerbericht, dann stellt sich heraus, daß
Reitzensteins Operationen grundsätzlich berechtigt sind, nur
durchgängig überprüft werden müßten (für zwei Einzelfälle s.
u. p. 51 f.).

Wahrscheinlich könnte man den Naassenerbericht besser beurteilen, wenn Hippolyt dessen Eingang nicht zu einem Kurzre-

---

79 Richard Reitzenstein, Poimandres, Leipzig 1904, p. 83 - 98; Studien zum
   antiken Synkretismus aus Iran und Griechenland, Leipzig/Berlin 1926,
   p. 161 - 173. - Eine neue Analyse des Naassenerberichts ist von J.
   Frickel zu erwarten.
80 Manlio Simonetti, Qualche osservazione sulle presunta interpolazioni
   della Predica dei Naasseni. Vetera Christianorum 7(1970) p. 115 - 124.
81 Frickel, Apophasis p. 169 ff.

ferat zusammengestrichen hätte[82] (V 6,3 - 7,1). Mit dem Anfang von V 7,1 erweckt er zudem den Eindruck, als ob das bis
dahin Gesagte alles aus dem stamme, "was Jakobus der Mariamme
überliefert" hat. Mariamme hat möglicherweise eine Konnexion
zur Schlangenverehrung[83], aber die "Mensch"-Spekulation ist
unmittelbar ophitisch belegt, wie der Vergleich mit Irenäus
(Adv. haeres. I 30,1 f.) lehrt. So ist es denkbar, daß der
Jakobus-Mariamme-Stoff oder -Text vom Redaktor more suo[84] in-
terpretierend herangezogen wurde, mit seiner üblichen Wendung
etwa "dies ist es, was da und da auch gesagt wird". Durch Hippolyts Kürzung ist die formale Ähnlichkeit des Beginns des
Naassenerberichts mit dem jeweiligen Beginn der anderen Berichte verlorengegangen: daß es sich nämlich auch hier um eine Drei-Prinzipien-Lehre handelt. Die Parallele im Ophitenbe-
richt des Irenäus zeigt, daß in unserm Sondergut nur der al-
lererste Anfang des ophitischen Mythos benutzt ist, bei Irenäus sind das die beiden ersten Kapitel von fünfzehn. Bei Irenäus ist der Vater der Archanthropos - dieser Ausdruck fehlt
in Hippolyts Referat, er muß aber im vollständigen Text gestanden haben, denn der Redaktor benutzt ihn nachher mehrfach

---

82 p. 78,22: "Dies sind aus sehr vielen Lehren die Hauptpunkte (κεφάλαια)".
83 Mariamme als gnostische Offenbarungsempfängerin zählt Celsus neben Mar-
   cellina, Salome, Martha auf - jede habe eine eigene Gefolgschaft, Origenes Ctr. Celsum V 62. Henry Chadwick (Origen: Contra Celsum, Cambrid-
   ge 1965², p. 312 n. 9) schließt aus unserer Hippolytstelle: "The Ophi-
   tes held that their doctrines were taught to Mariamme by James the
   Lord's brother." Bedenkt man aber die Arbeitsweise des Redaktors und
   die Kürzungen Hippolyts, so kann man sich dessen nicht so sicher sein.
   - Chadwick macht an derselben Stelle darauf aufmerksam, daß die Verbindung der Mariamme mit den Ophiten in den Philippusakten festgehalten sei, wo Philippus und Mariamme in das Land der Ophiten gehen. Freilich sind die Beziehungen zu den Schlangen in der jetzigen Fassung negativ: Philippus und Mariamme bekämpfen im asiatischen Hierapolis den
   lokalen Schlangenkult. Das Verständnis der Akten ist entscheidend ge-
   fördert worden durch Erik Peterson, ZNW 31 (1932) p. 97 - 111: sie
   vertreten ein Asketentum, wie es die Synode von Gangra verurteilte.
   Dadurch scheint mir die Benutzung älterer gnostischer Stoffes nicht
   ausgeschlossen, die Reden der Apostel von c. 95 an sind doch sehr eigentümlich. Der Naassenerbericht enthält einige enkratitische Aussagen,
   die Philippusakten sind scharf enkratitisch - vielleicht war Enkrateia
   auch ein Zug des Jakobus-Mariamme-Stoffes, den Hippolyt nicht zitiert.
84 Bestimmt vom Redaktor ist noch erkennbar in Hippolyts vorausgehendem
   Referat der Verweis auf den dreigeteilten Geryones V 6,6 cf. c. 8,4.

   Im Peratenbericht v,12,4: der dreinaturige, dreileibige, dreikräftige
   Mensch namens Christus.

im Lauf des Berichtes[85]. Der Sohn des Vaters ist nach Irenäus
der Menschensohn, der zweite Anthropos; "Menschensohn" bei
Hippolyt V 6,4 Ende. Vater und Sohn zeugen nach Irenäus aus
dem (weiblichen) Geist als dritten Menschen Christus; "drei
Menschen"[86] bei Hippolyt V 6,7. Christus und seine Mutter sind
die wahre und heilige Kirche (Irenäus c. 2); Hippolyt berichtet von drei Kirchen, von denen die höchste engelhaft und aus-
erwählt ist (V 6,7). Nach dem irenäischen Bericht wären die
drei ersten Prinzipien also Vater/Archanthropos - Sohn/Men-
schensohn/zweiter Mensch - Geist(weibl. Prinzip); waren es im
hippolytischen Bericht die drei "Menschen" oder ebenfalls zwei
und ein weibliches Prinzip? Jedenfalls legen beide Zeugen die
"Mensch"-Spekulation in einem christlichen (oder verchrist-
lichten) Zusammenhang vor. Den zu vermutenden drei Prinzipien
zu Anfang des Naassenerberichts steht allerdings am Ende, im
sog. Naassenerpsalm, eine andere Dreiergruppe gegenüber: Erstgeborener Nous, Chaos, Psyche[87]. Aber im Peratenbericht gibt
es sogar drei solcher Gruppen von Prinzipien (in V 12,2, in c.
12,3 und in c. 17).

---

85 s. die Angaben in Wendlands Register.

86 cf. im Peratenbericht V 12,3 Hippolyts Referat (p. 104,23 f.): "deshalb sagen sie ausdrücklich drei Götter, drei Logoi, drei Nous, drei
Menschen". Über die Stellung der Logoi vor dem Nous s. o. n. 19.

87 "Erstgeborener Nous" setzt noch etwas vor dem Nous voraus, und tatsächlich gibt es im Naassenerbericht einen πρόων. V 9,1: "Die Phrygier sagen aber auch noch, daß der Vater des Alls der ἀμύγδαλος (=Mandelbaum)"
(cf. den ersten Attishymnus) "sei; nicht der Baum, sagt er, sondern der
πρόων sei ἀμύγδαλος, welcher in sich die vollkommene Frucht" (valen-
tinianischer Ausdruck für Christus) "als eine mit Pulsschlag ausgerü-
stete und in der Tiefe sich bewegende hatte; er riß seinen Busen auf
(διαμύσσειν) und gebar seinen unsichtbaren, unnennbaren und unaussprech-
lichen Sohn (παῖς), von dem wir sprechen." Παῖς ist für den Redaktor
wie für Hippolyt der Logos, der Sohn Gottes. Im letzten Kolon ist das
"wir" die 1. Person des Redaktors, und vom Sohn Gottes, dem Logos redet er ja überall.
Einige Zeilen später (p. 98,6) fügt Reitzenstein den πρόων als plausi-
ble Ergänzung ein; wieder geht aus ihm hervor der, "durch den alles
wurde, und ohne den nichts wurde,"(d. h. der Logos). Viel weiter zurück, nämlich in c. 7,9 (es geht da um die Entstehung der Seele), trifft
man glücklicherweise auf eine Zusammenstellung von πρόων, Nous und
Chaos, doch nur als Referat Hippolyts (p. 81,2-4): "Sie sind aber in
Verlegenheit wie alle anderen Leute aus den Heiden, ob sie (sc. die
Seele) etwa aus dem πρόων ist, aus seinem Nous nämlich, oder aus dem
ausgegossenen Chaos." Für diese Übersetzung habe ich den Text von Zeile 3 anders hergestellt als Wendland in seiner Kombination zweier älterer Verbesserungen. Bei Wendland liest man: ἐκ τοῦ προόντος ἐστίν

Ein Jammer ist, daß Hippolyt uns von den "vielen und mannig-
faltigen Hymnen" auf den "Menschen" nur ein typisches Stück
aufbewahrt hat (V 6,5)[88], sie wären eventuell höchst willkom-
mene Belege für einen nicht christianisierten Urmenschenmythos
gewesen. Die Sammlung internationalen anthropogonischen Materials und die endlose Auslegung des Attishymnus erfolgen ja
auf den "Menschen" des ophitischen Mythos und jener Anfangs-
hymnen hin[89]. Wenn man sich klar macht, daß die knappen Mit-
teilungen Hippolyts in V 6 für einen längeren Text stehen, in
dem die Hymnen auf den "Menschen" wahrscheinlich so am Anfang
standen, wie die Attishymnen und der Jesuspsalm am Schluß, so
ergibt sich ein planvoller literarischer Aufbau des Naassenerberichts; der jetzige Abschluß durch den Jesuspsalm ist so
wirkungsvoll, daß dies der ursprüngliche Abschluß dieses Teils
des Sonderguts sein muß, wie er Hippolyt in der Bearbeitung
durch den Redaktor vorlag (man vergleiche den ebenso eindrucksvollen Beschluß des Monoimosberichts durch das Zitat aus dem
"Brief an Theophrast", welches zugleich den Abschluß des ge-
samten Sondergutes bildet!). Literarisch betrachtet bestand
(und besteht im noch Erhaltenen) der ganze Naassenerbericht
in einer Hymneninterpretation mit Hilfe eines vielfältigen
Materials, zu dem auch die christliche Logostheologie des Re-

---

⟨ἤ⟩ (eingefügt von Miller) ἐκ τοῦ αὐτογενοῦς (dies letzte Wort Bunsens
Verbesserung, die Hs hat αὐτοῦ γένους). Ich lese: ἐκ τοῦ προόντος
ἐστίν ἐκ τοῦ αὐτοῦ γε νοός. Bei νοῦς laufen ja in der Spätzeit die Formen durcheinander, der Naassenerpsalm hat z. B. den Nominativ der un-
kontrahierten Form νόος. Die Hs hat den Genitiv der 3. Deklination νοός
(benutzt in Anspielung auf den Psalm) nicht als solchen erkannt, sondern ihn zu einem Nominativ kontrahiert. Die Alternative für die See-
lenentstehung liegt bei der Konstellation dieser drei Prinzipien auch
nur zwischen dem göttlichen Bereich einerseits und dem Chaos andererseits, so daß Millers eingeschobenes "oder" überflüssig ist.

88 p. 78,10 f.: "Von dir, Vater, und durch dich, Mutter, die beiden un-
sterblichen Namen, Eltern der Äonen, (du) Himmelsbürger, hochgepriese-
ner Mensch!" Das wird verkürzt und in leichter Verschiebung im Monoimosbericht benutzt; dort wird VIII 12,5 der "Mensch" als μία μόνας
dargestellt, am Schluß von § 5 wird die Monas folgendermaßen prädiziert
(p. 232,19 f.): αὕτη μήτηρ, αὕτη πατήρ, τὰ δύο ἀθάνατα ὀνόματα.

89 cf. Reitzenstein 1926 p. 106: "der Prediger will" im Attislied "seine
eigene Botschaft von dem Gott Mensch wiederfinden", wobei er geschickt
darüber hinwegtäusche, "daß in dem Attis-Liede überhaupt nichts steht,
was wirklich auf diese Botschaft wiese, ja sich auch nur ungezwungen
mit ihr vereinigen ließe." Ebenso p. 111: " ... das Lied selbst, in
dem, wie man sich leicht überzeugen kann, von dem Gott Anthropos die
Rede weder ist noch sein sollte."

daktors gehört. Der Jesuspsalm am Schluß ist nicht poetische
Verzierung, sondern rechtfertigt die christlich-gnostische
Interpretation, die sich eines synkretistischen Materials be-
dient und meint, sich seine nicht minder synkretistische Ver-
einnahmung leisten zu können, weil Jesus der Schlüssel zu allen Geheimnissen ist:

> "Alle Geheimnisse werde ich aufschließen,
>
> die Gestalten der Götter zeigen[90],
>
> das Verborgene des heiligen Weges
>
> werde ich, Erkenntnis hervorrufend, überliefern"[91].

Glücklicherweise hat Hippolyt es für richtig gehalten, unter den Stichworten einen programmatischen Satz der Quelle zu
übernehmen: "Anfang der Vollendung ist Erkenntnis des Menschen,
Erkenntnis Gottes ist erlangte Vollendung" (V 6,6 p. 78,14
f.)[92]. Dieser Satz hat wahrscheinlich veranlaßt, daß Naassenerbericht und Monoimosbericht[93] die Eckstücke des Sonderguts
abgeben: projiziert der Naassenerbericht den "Menschen" in
die jenseitige Gottheit, so fordert der Brief des Monoimos an
Theophrast dazu auf, daß der konkrete Einzelmensch Gott in
sich selber suche, indem er bewußte und unbewußte Regungen

---

90 d. h. die Mächte, die man auf dem heiligen Weg nach oben passieren muß
   (cf. die Gebete vor solchen Gestalten, die der Ophit bei Origenes, Ctr.
   Celsum VI 31, aufsagen soll); im Zusammenhang des Naassenerberichts
   wird die Zeile verstanden von der Deutung der Göttergestalten auf den
   "Menschen" hin, und für den Redaktor meint das den Logos=Christus.
91 V 10,2 p. 103,20 - 104,3.
92 Der Satz wird am Ende von c. 8,38 wiederholt (p. 96,7 f.), offensichtlich vom Redaktor, der damit seine Auslegung von Jeremiaszitaten auf
   den "vollkommenen Menschen" hin bestätigt sieht. Der "vollkommene
   Mensch" ist für den Redaktor sowohl der Logos-Christus wie der Gnostiker, cf. § 38 mit § 5 im gleichen Kapitel und dazu vor allem c. 7,
   33, wo es auf das Zitat Eph. 5,14 folgend heißt (p. 87,4-6): "Dieser
   ist der Christus, der in allen, sagt er, Gewordene als Menschensohn
   ausgeprägt worden ist (κεχαρακτηρισμένος) vom unausgeprägten (ἀχαρακ-
   τήριστος) Logos." Man erinnere sich daran, was oben über das Werden
   zum Logos durch den Logos gesagt wurde.
93 Staehelin empfand die Ähnlichkeit zwischen Naassenerbericht und Monoimosbericht so stark, daß er den Monoimos als Variante A[1] zum Naassenerbericht A behandelt (p. 7 und dann passim). Wegen der hippolytischen Kürzungen zu Beginn des Naassenerberichts fehlen uns die
   Vergleichsmöglichkeiten dafür, wieviel von den Aussagen über den
   Hervorgang des Menschensohns aus dem "Menschen" (VIII 12,2 γενητός,
   παθητός, ἀχρόνως γενόμενος, ἀβουλήτως, ἀπροορίστως!) eventuell gar
   nicht ursprünglich in den Monoimosbericht gehört.

auf ihren überindividuellen Ursprung hin reflektiert. Es ist
sachlich zu rechtfertigen, wenn wir neben diese programmatische Äußerung zwei andere ebenso programmatische aus dem
Naassenerbericht stellen, auch wenn wir mit ihnen das hippo-
lytische Kurzreferat V 6,3 - 7,1, das wir noch nicht vollständig ausgewertet haben, für den Augenblick verlassen. Beide
Stellen stehen in einer Passage, die Reitzenstein als dem
christlich-gnostischen Interpolator gehörig ausgeschieden hat
(p. 88,23 - 89,22); für den überwiegenden Teil des Textes
trifft Reitzensteins Urteil zu. Aber nichts zwingt uns, die
beiden folgenden Stellen darin dem Redaktor zuzuschreiben:
a) V 8,1 p. 89,9 f.: "Wer sagt, daß das All aus Einem bestünde (ἐξ ἑνὸς συνεστάναι), irrt, wer sagt, aus dreien, redet
wahr und wird den Erweis des Alls geben."
b) § 3 p. 89,17.19 f.: "Es müssen, sagt er, die Größen (μεγέθη) ausgesprochen werden ...[94] wenn nämlich nicht die Größen
ausgesprochen würden, könnte die Welt nicht bestehen (συνεστάναι)[95]."
Beide Sätze geben den mehr als nur doxographischen Grund für
die Zusammenstellung all der Drei-Prinzipien-Systeme an, die
das Sondergut enthält (wobei Doketen, Valentinianer und Apophasis über die strenge Dreizahl hinausgehen: Doketen - Eins
plus Drei; Valentinianer - Eins plus drei Syzygien; Apophasis
- Eins plus drei Paare; Monoimus schließlich hat die neupythagoräische Zahlenreihe Eins bis Zehn). Sie sprechen dafür, daß
die Zusammenstellung des Sonderguts vom Naassenerbericht bis
Monoimos nicht erst vom Redaktor vorgenommen wurde, sondern
ihm bereits vorlag (aber der Redaktor ist es, der seiner Interpretation dieses Komplexes den interpolierten Aratoskommentar vorangestellt hat, sozusagen als "Vorspiel im Himmel").

---

94 Ich habe fortgelassen Zeile 17 f. "ausgesprochen aber so von allen
überall, daß Hörende nicht hören und Sehende nicht sehen (cf. Mc. 4,12
par.)", weil ich das für einen Einschub des Redaktors halte.
95 Im Markusbericht (der nicht zum Sondergut gehört) wird der Name, den
Jesus bei den Äonen des Pleromas hat und der vielfältig und von anderer
Gestalt ist, von jenen Stammverwandten erkannt, deren μεγέθη unaufhör-
lich bei ihm sind (VI 45,3 p. 177,20-22), s.o. n. 23. Die "Größen" sind
vermutlich die bedeutungsvollen Buchstaben und ihre Zahl im jeweiligen
Namen (cf. den Kontext). Auch diese "Größen" haben etwas mit dem "Bestehen" zu tun, nur ist es in diesem Fall die himmlische oder eschatologische Existenz des Gnostikers.

"Größe", μέγεθος, im Satz b)[96] ist wohl mathematischer terminus, der im strengen Sinn verstanden die geometrischen Größen,
also Ausdehnungen, Dimensionen meint. Dies würde wiederum auf
Monoimos vorausweisen mit seiner geometrischen Entfaltung der
Welt aus dem Punkt über Linie, Fläche, Körper. Aber in Kombination mit Satz a) kann man sich fragen, ob "Größen" nicht
auch in einem weiteren Sinn verstanden werden können, indem
man sie auf die ersten Prinzipien bezieht, die ja wiederum
die erste Entfaltung aus der Eins darstellen. Jedenfalls ist
wichtig der religiöse Akzent in Satz b): die welterhaltende
Funktion von Welterkenntnis durch Aussprechen der Struktur-
prinzipien, die durchaus ins Magische[97] hineinreicht. Und je
mehr man an Namen für die "Größen" wußte, umso sicherer ging
man. Das "Aussprechen" bot einen Anknüpfungspunkt für die Lo-
goslehre des Redaktors mit ihrem Akzent auf dem gesprochenen
Wort, der "Stimme", und dem Interesse an besonders schwer-
oder unverständlichen Wörtern der Schrift[98].

---

96 Leider hat Krämer diese Stelle nicht verwertet.
97 Dazu s. Wilhelm Bousset, Kyrios Christos, Göttingen 1967[6], p. 313 über
   die "Kraft des kultischen Wortes", "dessen Wirksamkeit bald rein ma-
   gisch-zauberhaft, bald mehr mystisch gedacht wurde", über das "Wort
   als kultisch-magische Größe."
98 Tatsächlich erklärt der Redaktor auch im Anschluß an die "Größen"
   V 8,4 p. 89,20-22: "Diese sind die drei übermächtigen logoi Kaulakau,
   Saulasau, Zeesar (Jes. 28,10); Kaulakau des in die Höhe, des Adam, Saulasau des sterblichen in der Tiefe, Zeesar des nach oben fließenden
   Jordans." Für die Erklärungselemente der beiden ersten "Wörter" s. c.
   8,2, der Jordan ("großer Jordan") aus c. 7,41. In den Philippusakten
   wird als bekannt vorausgesetzt, daß Mariamme zum Jordan gehen wird (und
   dort ihr Ende findet) - liegt mit dem Jordan eine Anspielung auf die
   Mariammeüberlieferung vor? - Die drei "übermächtigen Wörter" stehen
   übrigens so nicht in der LXX von Jes. 28, dort sind sie vielmehr übersetzt. In V 8,34 bezieht der Redaktor das eleusinische Mysterium ὑὲ κύε
   auf Christus-Logos (absichtliches Mißverständnis als ὑὲ κύριε!), "und
   weil ihm 'alles unterworfen' ist (1. Kor. 15,27), ist dies auch dasselbe wie das Gesagte 'in die ganze Erde erging ihr Schall (φθόγγος)' (Ps.
   18,5)", nämlich der Schall dieser geheimnisvollen Wörter. Für das Wort
   als ertönendes noch zwei Stellen aus dem Naassenerbericht: c. 8,14 Joh.
   5,37 "Seine Stimme hörten wir, doch seine Gestalt sahen wir nicht";
   c. 9,6 Ps. 18,4 "Es sind keine Worte und keine Reden, deren Stimme man
   nicht hört" (die Meinung des Redaktors ist: wenn es keine φωνή ist, ist
   es auch kein λόγος).
   Auffällig durch seine Wiederholung ist das Schwelgen in einer anderen
   Gruppe von "dunklen" Wörtern: Nach der Lehre der Doketen gibt es einen
   "ersten Gott" (cf. die Terminologie des Numenius!) und aus ihm drei
   Äonen. Diese letzteren kommentiert der Redaktor so (VIII 8,5 f. p. 226,
   21-23): " Und dies, sagt er, hat auch nicht Moses verschwiegen, indem

Kehren wir nun noch einmal zum hippolytischen Eingang des
Naassenerberichts zurück. Hippolyt sagt V 6,3, er wolle mit
denen anfangen, die die Schlange preisen; deren Protagonisten
seien die Naassener. § 4: "Danach (μετὰ δὲ ταῦτα) nannten sie
sich Gnostiker, indem sie sagen, daß sie allein die Tiefen
erkennten." Hieraus wird gewöhnlich die Folgerung gezogen, daß
die Ophiten die älteste Sekte mit der Selbstbezeichnung "Gnostiker" seien[99]. Ich wage die Vermutung aufzustellen, daß

---

er sagt, ὅτι οἱ λόγοι τοῦ θεοῦ τρεῖς εἰσιν· σκότος, γνόφος, θύελλα καὶ
οὐ προσέθηκεν." Es folgt die übliche Rechtfertigung dieser Interpretation aus dem Kontext der interpretierten Quelle, p. 226,23 - 227,1:
"Denn nichts, sagt er, hat Gott den drei Äonen hinzugefügt, sondern sie
selbst haben alles allen Gewordenen gewährt und gewähren es." Die merkwürdige Wortgruppe erscheint noch einmal im Sethianerbericht, weshalb
sie schon Staehelin (p. 60) zu den Gemeinsamkeiten des Sonderguts
zählt. V 20,1-3 wird Moses angeführt zur Stützung der in V 19 gelie-
ferten Prinzipienlehre; das geschieht, indem eine Reihe von Dreier-
gruppen (von Namen und Sachen) aus Genesis und Exodus aufgezählt wird.
Die erste davon ist: σκότος καὶ γνόφος καὶ θύελλα, οὗτοι, φησίν, οἱ
τρεῖς λόγοι (p. 121,7 f.). Wieso ausgerechnet "Finsternis, Wolke,
Sturm" "die drei Wörter" oder gar "die drei Wörter Gottes" (oder soll
das etwa heißen : drei Wörter für 'Gott'?) sein sollen, ist schon rät-
selhaft. Die Vokabelgruppe kommt in der LXX dreimal vor (s. schon Staehelin): Ex. 10,22; Dtn. 4,11; 5,22. Im Hebräischen sind die Texte, was
die Vokabeln und ihre Zahl angeht, nicht identisch; Dtn. 4,11 und Ex.
10,22 haben die Vokabel "Finsternis" gemeinsam, und Dtn. 5,22 (19) und
4,11 die Wörter "Wolke, Sturm". Die griechische Übersetzung hat die
drei Passagen einander angeglichen, die drei Vokabeln stehen an allen
Stellen im Nominativ. Das macht in Ex. 10,22 LXX grammatisch keine
Schwierigkeit. Dagegen sieht es im 5. Buch Mose so aus: 4,11 "und ihr
tratet hinzu und stelltet euch unter den Berg, und der Berg ἐκαίετο
πυρὶ ἕως τοῦ οὐρανοῦ, σκότος, γνόφος, θύελλα, φωνὴ μεγάλη (cod. Alex.
om. φωνὴ μεγάλη)"; 5,22 τὰ ῥήματα ταῦτα sprach der Herr zu eurer ganzen Versammlung auf dem Berg ἐκ μέσου τοῦ πυρός, σκότος, γνόφος, θύελλα,
φωνὴ μεγάλη, καὶ οὐ προσέθηκεν. Im Hebräischen der beiden Deuteronomium-
verse werden die Wörter für "Finsternis" etc. (alle ohne irgendein Prä-
fix) von den Kommentatoren und modernen Übersetzern im Gefolge der
Grammatiker als adverbiale Akkusative aufgefaßt. Dies hat die griechische Übersetzung der LXX offenbar nicht begriffen, so daß jetzt diese
Nominative syntaktisch unverbunden in der Luft hängen (sie erscheinen
als Glosse, wie sie es im Hebräischen eigentlich auch tun - eine text-
kritische Betrachtung ist wahrscheinlich angemessener als die übliche
grammatische Harmonisierung). Wenn unser Redaktor von σκότος etc. als
von λόγοι θεοῦ spricht, muß er von Dtn. 5,22 ausgegangen sein: "diese
ῥήματα sprach der Herr" - und die "Worte" sind dann "Finsternis" etc.,
er hat also nach "Feuer" ein Kolon gesetzt. Aber es folgen doch <u>vier</u>
Worte (nämlich auch die "große Stimme"), nicht bloß drei? Entweder hat
er (oder sein Text) Dtn. 5,22 gelesen wie der cod. Alex. von 4,11, oder
er hat die "laute Stimme" in den Dativ gesetzt: φωνῇ μεγάλη - "der Herr
sprach diese Worte ... mit lauter Stimme".
99 So z.B. (wie viele andere) H. Chadwick in seiner englischen Übersetzung

trotz des Verbs in der Vergangenheitsform Hippolyt in § 4 mit
μετὰ δὲ ταῦτα ein Nacheinander im Text meint, über den er referiert, wo nämlich eine der Selbstaussagen des Redaktors in
der 1. Person des Plurals gestanden haben könnte, wie sie auch
sonst über den Text des Sondergutes verstreut sind. "Gnostiker, weil wir allein die Tiefen erkennen", ist noch eindeutig
aus dem Satz in der 3. Person plur. zu rekonstruieren. Dann
wäre dies trotz Hippolyts "Historisierung" und des unmittelbar
anschließenden Ableitungsschematismus nur ein weiterer Beleg
für die interpretierende Aneignung des verarbeiteten Stoffes
durch den Redaktor; es wäre aber kein Beleg mehr dafür, daß
die Naassener als erste sich als "Gnostiker" bezeichnet hätten.

Am Ende des ersten Kapitels über den Gnostiker Justin (V 23,
3) sagt Hippolyt, nachdem er in § 2 von den "vorher genannten
Häresien" gesprochen hat (was Naassener, Peraten, Sethianer
meinen muß), sie alle würden durch einen Geist in einen Kanal-
abgrund (= Kloake) getrieben werden, da sie alle auf verschiedene Weise dasselbe erzählten[100]; "sie alle nennen sich Gnostiker, die allein die wunderbare Gnosis des Vollkommenen und
Guten aufgeschluckt haben." Auch das sind gewiß Beobachtungen
am Text, u.U. referiert Hippolyt hier wieder Wir-Aussagen des
Redaktors, indem er sie durch polemische Beurteilung ins rechte Licht rückt. Auch aus diesem Satz würde ich nicht zu schließen wagen, daß man ihn als Nachweis für die Selbstbezeichnung
"Gnostiker" bei Peraten und Sethianern anführen dürfte. Die
Gnostiker aber, für die der Redaktor spricht, betrachten sich
als Christen: Naassenerbericht V 9,22: "Und wir Christen allein aus allen Menschen sind es," die das mysterion vollbrin-
gen, d.h. die Auslegung aller besprochenen Mysterien auf Jesus
hin[101] ist die einzige wirkliche Mysterienreligion. Diese
Christen sind wiederum die Pneumatiker von V 9,21 p. 102,11:

---

von Origenes, Ctr. Celsum, p. 311 n. 7. - Celsus kennt bereits Leute,
die sich selber als Gnostiker bezeichnen (Origenes, Ctr. Cels. V 61),
damit hätte man ein festes Datum: das Jahr 178, also die Zeit des
Irenäus.

100 In dieser natürlich auch polemischen Bemerkung wirkt sich ohne Zweifel die starke Vereinheitlichung aus, die die Bearbeitung des Sondergutes durch den Redaktor verursacht hat.

101 cf. im Jesuspsalm der Naassener: μυστήρια πάντα δ'ἀνοίξω (V 10,2 p.

"Wir aber sind, sagt er, die Pneumatiker", die aus dem lebendigen Wasser des Euphrat das ihnen Eigentümliche auswählen.

Im Ganzen hat man den Eindruck, daß auf das Sondergut und
seinen interpretierenden Redaktor, die Charakteristik zutrifft,
die Porphyrius den Gnostikern gibt, mit denen sich Plotin und
dann sein Schüler Amelius und Porphyrius selbst auseinander-
gesetzt haben[102]: christliche Häretiker, von der alten Philosophie beeinflußt (aber nicht einmal Plato habe die Tiefe,
βάθος, der νοητὴ οὐσία erreicht, ist ihre Meinung), Gnostiker.
Unsere Gruppe ist freilich mindestens eine Generation älter
und würde damit genau die Lücke ausfüllen, die Koschorke für
das kontinuierliche Vorhandensein von Gnostikern in Rom meint
feststellen zu können[103]. Porphyrius kann für die Zeit um die
oder nach der Mitte des 3. Jahrhunderts die Namen zweier An-
führer nennen: Adelphius und Aquilinus; schade, daß er nicht
auch noch Vorgänger weiß. Die Namen, nach denen die Offenba-
rungsschriften dieser Leute benannt werden, sind bekanntlich
unter den Schriften von Nag Hammadi wieder aufgetaucht, teils
mit der entsprechenden Schrift, teils doch wenigstens erwähnt.
Daß die literarische Sammlung der von Hippolyt bekämpften
Gruppe diese Schriften nicht enthält oder erwähnt, ist kein
Anlaß, zwischen den römischen christlich-gnostischen Zeitgenossen des Hippolyt und denen des Plotin Diskontinuität zu
postulieren. Der Bedarf an immer neuen Offenbarungen war aus
den eingangs erwähnten Gründen sehr groß. Es scheint mir aber
nicht unberechtigt, die bibliographischen Differenzen zwischen
Hippolyt und Porphyrius als Hinweis auf späte Entstehung der

103,20).
102 Porphyrius, Vita Plotini c. 16.
103 Koschorke, Hippolyts Ketzerbekämpfung p. 69 - 73. Plotin kam schon
    244 nach Rom, die Refutatio ist zwischen 222 und 235 geschrieben. Daß
    die Nag-Hammadi-Funde jene Apokalypsen als heidnische Schriften erwei-
    sen, macht christlich-gnostischer Adaption keine Schwierigkeiten, wie
    eben das Sondergut in seiner Bearbeitung vorführt. Was man als unbe-
    arbeiteten Monoimosbericht herausschälen kann, scheint nichtchristlich
    zu sein, die Ursprungslehre der Doketen ist nichtchristlich usw. Wenn
    Koschorke p. 73 zustimmend Lietzmann zitiert, daß im 3. Jahrhundert
    die "akute gnostische Gefahr für die römische Gemeinde längst vergan-
    gen war", so scheint mir das für den Anfang des Jahrhunderts ange-
    sichts der Logostheologie des Redaktors nicht mehr haltbar. Diese war
    ja gerade darin so verführerisch, daß sie sich von der der Apologeten,
    des Irenäus und Hippolyts nicht unterschied, aber trotzdem die Gnosis

Titel des letzteren zu nehmen. Wenn Porphyrius bei der Untersuchung des Zoroasterbuches feststellte, daß es eine neuere
Fälschung sei, so ist damit allerdings nicht gesagt, daß es
zu seiner eigenen Zeit verfaßt worden sei, sondern nur, daß
es unmöglich vom "alten Zoroaster" stammen könne; die Gnostiker vielmehr hätten es selber fabriziert.

Von den philosophischen Interessen der Gruppe in den Jahr-
zehnten vor dem Auftreten Plotins kann man sich anhand der im
Sondergut zusammengestellten Ursprungs- und Ideenlehren ein
Bild machen. Die geradezu dogmatische Betonung der Drei-Prinzipien-Lehre mußte der nächsten Generation die plotinische
Prinzipienlehre als geistesverwandt erscheinen lassen. Jedenfalls sollten diese Texte mit ihrer beträchtlichen Variations-
breite, so vertrackt ihre Herauslösung aus der paraphrasierenden Bearbeitung durch die biblische Logostheologie des Redaktors mit gleichzeitiger gegenseitiger Interpretation der von
ihm benutzten Quellen auch ist, genauso in die Untersuchung
der vorplotinischen Philosophie einbezogen werden wie die
Reste des Numenius und der chaldäischen Orakel. Die von Krämer begonnene Arbeit, die von Barbara Aland für die Apophasis
Megale so erfolgreich fortgesetzt worden ist, hat hier noch
ein weites Betätigungsfeld, nachdem jetzt die Arbeitsweise
und der Umfang (noch längst nicht vollständig!) der Tätigkeit
des Redaktors und seine christlich-gnostische Logostheologie
zutage getreten sind.

---

als ebenfalls zutreffende Interpretation des At und NT betrachten und
vereinnahmen konnte.

Anhang

In seinem Aufsatz "Unerkannte gnostische Schriften in Hippolyts Refutatio" (s. o. n. 53) hat Frickel Ref. VII 29,3 - 31,4
als einen Empedokleskommentar und IX 9.10 als einen Heraklitkommentar identifiziert, letzteres im Gefolge von Reinhardt.
Beide erklärt er für gnostisch (für den Heraklitkommentar wiederum nach dem Vorgang von Reinhardt) und bringt sie mit Be-
standteilen des Sonderguts zusammen[104].

Beginnen wir mit dem Heraklitkommentar (Frickel p. 130 -
137), den Hippolyt zitiert, weil er damit auch den Noet mit
seiner Lehre als einen Gefolgsmann einer griechischen philosophischen Richtung vorstellen kann (es ist sicher ein Versehen, wenn Frickel p. 130 vom Gnostiker Noet spricht). Zum literarischen Komplex des Sonderguts gehört der Heraklitkommentar unter keinen Umständen, denn er zeigt nicht eine einzige
Spur der Tätigkeit des Redaktors. Der Kommentar ist auch nicht
gnostisch, sondern das Gegenteil davon: er ist antimarcioni-
tisch (und vielleicht tatsächlich auch modalistisch verwendet
worden). Für die Tendenz des Kommentars, so wie er jetzt da-
steht, sind entscheidend IX 9,1 und 10,6 (zweite Hälfte) und
7. c. 9,1 mit seinen aufschlußreichen Prädikationen behandelt
Frickel gar nicht und c. 10,6 f. über die Auferstehung des
Fleisches und über das Gericht tut er als unerheblich ab (p.
136 f., das Gericht erwähnt er nicht), diese Aussage ändere
nichts am "grundsätzlich gnostischen Charakter der Heraklit-
exegese".

Wenn der extreme Pantheismus des Kommentars zu Aussagen über
Schöpfer und Schöpfung führt, wie sie c. 9,4 und 10,8 enthalten, dann ist das nur aus einer bestimmten Frontstellung er-
klärlich. Man liest da: c. 9,4 p. 242,5-7 "Weil aber der Vater alles Gewordenen geworden, ungeworden ist, Schöpfung,
Schöpfer (κτίσις δημιουργός), hören wir jenen sagen : Frg.53."
Und c. 10,8 p. 244,4 f.: τὸν γὰρ ποιητὸν κόσμον αὐτὸν δημιουρ-

---

104 Von Letzterem ist Frickel inzwischen wieder abgerückt (briefliche
    Mitteilung vom 16. April 1980).

γὸν καὶ ποιητὴν ἑαυτοῦ γινόμενον οὕτω λέγει: Frg. 67." (ποιητὸν κόσμον hat Bernays verbessert aus dem πρῶτον κόσμον der
Hs.; Frickel nimmt πρῶτον zum Anlaß, um πρῶτον θεόν zu lesen,
p. 133 n. 76, er meint das aus "H.s Beweisführung im Kontext"
erschließen zu können. Ich kann keinen Anhaltspunkt dafür finden). Eine solche Beurteilung der Schöpfung, die sie mit dem
Schöpfer in übergreifender Einheit sieht, kann in christlichem
Mund nur die Reaktion auf eine scharfe Abwertung der Schöpfung
sein, wie sie bei den Gnostikern und bei Marcion vorliegt.
Das marcionitische Stichwort "gerechter Gott" fällt tatsächlich in c. 9,1, damit scheint mir die Blickrichtung des Kommentars unmißverständlich angegeben. Wendland (im Apparat) hat
den Bezug auf Marcion gesehen, hält aber θεὸν δίκαιον für ein
Gegensatzpaar und für eine Bildung Hippolyts.

Wedlands Zeichensetzung macht aus den Prädikationen in c. 9,
1 (erste Hälfte) p. 241,15-17 eine Reihe von Gegensatzpaaren,
aber das ist nur für die sechs Adjektive richtig: "Heraklit
nämlich nun sagt, das All sei geteilt und ungeteilt, geworden
ungeworden, sterblich unsterblich, λόγον, αἰῶνα, πατέρα, υἱόν,
θεὸν δίκαιον," es folgt Frg. 50, in dem ich in Zeile 17 die
Korrektur λόγου durch Bernays für δόγματος der Hs. für überflüssig halte. In der ziemlich merkwürdigen Reihe Logos, Äon,
Vater, Sohn, gerechter Gott kann ich keine Gegensatzpaare finden. Diese Prädikatsnomen zum "All" scheinen alle aus dem folgenden Kommentar gewonnen zu sein (wie die Adjektive im übrigen auch); vermutlich sind sie zu beurteilen unter Berücksich-
tigung des "Dogmas" von Frg. 50 in § 1: "daß das All Eins
ist". Der Logos stammt aus § 3 λόγος ἐστὶν ἀεὶ τὸ πᾶν καὶ διὰ
παντὸς ὤν (cf. im darauf folgenden Frg. 1: τοῦ δὲ λόγου τοῦδ'
ἐόντος ἀεί). "Äon" stammt aus Frg. 52, zitiert in § 4, sein
Verständnis ist aber bestimmt durch das ἀεί von § 3; der αἰών
als spielendes Kind des Heraklitzitates und seine kindliche
Herrschaft wird in der dem Zitat vorgeschickten Deutung zum
Sohn = Herrscher des Alls, p. 242,3 f.: ἔστι παῖς καὶ δι' αἰῶ-
νος αἰώνιος βασιλεὺς τῶν ὅλων. Man kann also in § 1 "Äon" als
παῖς, Sohn, verstehen, wodurch der υἱός überflüssig würde.
"Vater" stammt aus der zweiten Hälfte von § 4, der Kommentar
deutet damit das bekannte "Der Krieg ist der Vater von allem".

θεὸς δίκαιος ist im Kommentar nicht zu finden, kann aber aus
c. 10,7 über das Gericht abgeleitet sein. Wenn man eine Prä-
dikationsreihe "Logos, Äon (= παῖς), Vater, gerechter Gott",
also ohne "Sohn", als vorgängig annimmt, dann hätte man eine
Sammlung von Gottesbezeichnungen für das All = Eines, die eine Art Paar aus Doppelgliedern bilden, ohne daß zwischen den
Doppelgliedern Logos-Äon und Vater-gerechter Gott dieselbe
Art von Gegensatz bestünde wie zwischen den Gliedern der Ad-
jektivpaare.

"Sohn", υἱός, hätte in dieser Reihe sachgemäß nach "Äon"
stehen müssen. Derjenige, der υἱός einfügte, hat nicht erkannt (was auf den ersten Blick auch nicht möglich ist), daß
Sohnschaft bereits ausgedrückt war. Außerdem lag ihm aber an
der eindeutig paarweisen Zusammenstellung von Vater und Sohn,
auf dieses Paar war das "Dogma" vom All = Einem anzuwenden,
wie auf die Adjektive. Hierin scheint sich mir eine theologische Einstellung auszudrücken, wie sie z.B. Noet vertritt, so
daß Hippolyt nicht unrecht hätte, wenn er die Theologie Noets
und diesen antimarcionitischen Heraklitkommentar (der wahrscheinlich auf einer stoischen Grundlage beruht) mit seiner
sekundären "modalistischen" Zuspitzung zusammenstellt. Dog-
mengeschichtlich wird der Text dadurch interessanter, als wenn
es sich um ein weiteres Beispiel gnostischer Exegese handelte.

Anders als beim Heraklitkommentar ist Frickel zuzustimmen,
wenn er (p. 126 - 130) den Empedokleskommentar VII 29,3 - 31,4
als gnostisch charakterisiert; aber wahrscheinlich gilt auch
hier, daß Material eines älteren Kommentars mit deutlich stoischen Zügen (Interesse an der Einheit des All) , das seinerseits eine neupythagoräische Verschiebung erfahren hat (die
von der Liebe zu erreichende Einheit ist eine "andere Welt",
nämlich ein κόσμος νοητός, s.u.), einer weiteren Zuspitzung
unterzogen worden ist, in diesem Fall ins Gnostische. Aber
der Dualismus von Gut und Böse wird wiederum durch ein mitt-
leres Prinzip, den gerechten Logos, etwas gemildert. Wie
überflüssig der Logos ist, sieht man an c. 31,3 Ende: er verdoppelt die vereinheitlichende Funktion der philia. Auch
beim Empedokleskommentar stellt Frickel Beziehungen zum Sondergut her (Naassenerpredigt und Apophasis Megale)[105]. Doch

berechtigt der Vergleich der angegebenen Stellen nicht zu einer solchen Annahme, die gelegentlichen gemeinsamen Vokabeln
sind zu unspezifisch; am konkretesten ist noch die Erwähnung
der "Enthaltsamkeit vom Umgang mit Frauen", aber die war in
philosophischen und religiösen Zirkeln zu weit verbreitet, um
etwas beweisen zu können. Das Auftauchen der letzten Zeile
von Empedokles Frg. 110 in der Apophasis (VI 12,1) ist ebenfalls kein Beweis für eine literarische Beziehung zwischen unserm Kommentar und dem Sondergut, denn diese Zeile war auch
bei Sextus Empiricus zu finden, wie man Wendlands Apparat zu
VII 29,26 entnehmen kann (das andere Empedokleszitat in der
Apophasis, VI 11, hat Aristoteles zum Tradenten). Dagegen ist
es das Verdienst des Empedokleskommentars, die zehn Zeilen zu
liefern, die jetzt als Frg. 110 gezählt werden.

Trotzdem enthält der Kommentar in seiner Verflechtung mit
dem Marcion-Prepon-Bericht (eine Verflechtung, die wohl von
Hippolyt stammt, wie er auch in das Ende des Heraklitkommen-
tars den Beginn des Noetberichts eingeschoben hat) Voraussetzungen, die ihn als Bestandteil des Sonderguts erscheinen lassen könnten: eine Drei-Prinzipien-Lehre, der Logos, die Bibelzitate in c. 31,5 f. Aber die Bibelzitate sind gut marcioni-
tisch, denn sie stammen aus dem Lukasevangelium und aus Paulus (und zwar gegen Wendland nicht aus Rm. 8,3, sondern doch
aus Gal. 3,19 f., wegen ὁ δὲ θεὸς εἷς ἐστιν in Vers 20, man
vergleiche "Einer ist gut" des nächsten Zitats). Von der in-
terpolierenden Interpretationstätigkeit des Redaktors kann
ich keine Spur finden, obwohl das Auftreten des Logos ihm eigentlich schöne Gelegenheit dafür geboten hätte. Eine interessante Frage ist, welche Rolle der Brief des Prepon an Bar-
deisanes (c. 31,1) als Quelle für die marcionitische Dreiprin-
zipienlehre in Hippolyts Darstellung spielt - stammt am Ende
auch der Empedokleskommentar mit seinem ungeschickt eingebau-
ten Logos aus diesem Brief? Wo soll man überhaupt den "Sitz
im Leben" so kurzer Kommentare, wie den beiden von Frickel besprochenen, suchen? Frickel erklärt beide mit Recht als in
sich abgeschlossene Stücke. Angesichts der tendenziösen Ein-

---

105 Doch s. jetzt n. 104.

färbung kann von bloßem doxographischen Interesse keine Rede
sein. Offenkundig dienten sie der Argumentation für den jeweiligen Standpunkt des Endverfassers. Aber wie soll man sich
ihre praktische Benutzung vorstellen: liefen diese relativ
kurzen Texte einzeln um? Polemisierte man mit Hilfe solcher
Kommentare gegeneinander?

Wenn meine antimarcionitische Interpretation des Heraklit-
kommentars in seiner vorletzten Fassung richtig ist, dann ergibt sich ein überraschender polemischer Bezug zwischen unseren Vorsokratikerkommentaren: beruft man sich zur Bekämpfung
Marcions auf Heraklit, dann greift die Gegenpartei auch auf
einen alten Philosophen zurück, aber in beiden Fällen eben
unter Verwendung bereits vorhandener Kommentare. Der literarischen Gattung nach gehört der kleine Aratoskommentar, der
ebenfalls mehrschichtig ist, ebenfalls wohl in sich geschlossen, ebenfalls (nur viel stärker) für einen bestimmten Zweck
bearbeitet, zur gleichen Art von Texten. Der Aratoskommentar
hat in einem größeren literarischen Werk (dem des Sonderguts-
redaktors) eine bestimmte Funktion, zwar nicht polemisch, aber
einleitend und in jedem Fall rechtfertigend. Und vermutlich
hatten auch unsere beiden Kurzkommentare die Funktion von
pièces justificatives, nur in polemischen oder apologetischen
Schriften. Das in allen drei Fällen noch erkennbare stoische
Stratum erlaubt es, stoische theologisierende Kommentare zu
Aratos, Heraklit und Empedokles zu postulieren.

Unbezweifelhafte Beziehungen bestehen zwischen dem Empedokleskommentar im Marcionbericht von Buch VII der Refutatio
und den Kapiteln 24 - 26 in der Pythagorasdarstellung von
Buch VI. VI 24,1 bezeichnet als pythagoräisch die Lehre von
zwei Welten, von denen einer der κόσμος νοητός ist - cf. VII
29,17 und 31,3. Krämer (p. 229 n. 104) über diesen Pythago-
räismus: "Es handelt sich um das stark akademisch-mittelplat-
tonisch durchsetzte neupythagoreische Schema." (Die ousia und
ihre neun Akzidentien als Erscheinungsformen der Zahlen Eins
bis Zehn VI 24,2; noch einmal im stark neupythagoräischen Monoimosbericht VIII 14,9). VI 25,1: "Die Pythagoräer äußern
sich auf diese Weise über die Dauer der Welt": es folgt ohne
Namensnennung Empedokles Frg. 16, welches auch im Kommentar

VII 29,10 erscheint. VI 25,3 zweite Hälfte (p. 152,8-12) faßt
Gedanken und Ausdrücke zusammen, wie man sie in VII 29 findet
(p. 211,17 ff.; 213,15; 212,7.21.25; 211,19; 212,4). In VI 26,
2 berichtet Hippolyt (p. 153,5-7): "Diese meinen, daß es die
Seelenwanderung gibt, wie es auch Empedokles pythagoräisie-
rend sagt", dazu vergleiche man VII 29,17.18.22. (Der Empedokles der Philosophendoxographie in Refutatio I 3 erscheint
ganz als Pythagoräer, dort gibt es ein Zitat als Beleg für
die Seelenwanderung). Wir finden den neupythagoräischen Empedokleskommentar in der Refutatio also zweimal (oder gar
dreimal?) benutzt, in zwei verschiedenen Arten der Verarbeitung.

ΣΥΝΑΦΕΙΑ UND ΑΣΥΓΧΥΤΟΣ ΕΝΩΣΙΣ
ALS BEZEICHNUNG FÜR TRINITARISCHE
UND CHRISTOLOGISCHE EINHEIT

I

In seiner Monographie von 1959 über die Schrift "De statu
animae" des Claudianus Mamertus widmet E. L. Fortin[1] das dritte Kapitel der neuplatonischen Auffassung von der Einheit von
Leib und Seele, und den ersten Abschnitt des Kapitels (p. 111
- 128) wiederum der ἀσύγχυτος ἔνωσις. Im Erscheinungsjahr seines Buches trug Fortin sein Ergebnis, nun bezogen auf die
christologische Formel von Chalcedon 451, auf dem Patristi-
schen Kongress in Oxford vor (veröffentlicht 1962[2]). Fortin
hatte aus Parallelstellen bei Nemesius von Emesa und bei
Priscian für Augustin (und für Claudianus Mamertus) die Symmikta Zetemata des Porphyrius als Quelle erschlossen. Im gleichen Jahr 1959 erschien von H. Dörrie die Rekonstruktion dieser "Gemischten Untersuchungen" des Neuplatonikers[3]. Auf der
Basis von Fortin und Dörrie ("un admirable travail") hat J.
Pépin 1964 der Benutzung der Porphyriusschrift bei Augustin
weiter nachgespürt[4], wobei er einen Kongreßbeitrag von 1961
einarbeitet[5]; zu Dörrie trägt er einen Aufsatz Fortins von
1954 nach, zu Fortin einen schon von Arnou 1935 vorgenomme-
nen Querverweis Nemesius-Augustin[6]; doch erwähnt Pépin sei-

---

1 E.L. Fortin, Christianisme et culture philosophique au cinquième siè-
   le. La querelle de l'âme humaine en occident, Paris 1959.
2 E.L. Fortin, The definitio fidei of Chalcedon and its philosophical
   sources, in: Studia Patristica V (= TU 80), Berlin 1962, p. 489 - 498.
3 H. Dörrie, Porphyrios' "Symmikta Zetemata". Ihre Stellung in System
   und Geschichte des Neuplatonismus nebst einem Kommentar zu den Frag-
   menten (Zetemata 20), München 1959.
4 J. Pépin, Une nouvelle source de saint Augustin: le ζήτημα de Porphyre
   Sur l'union de l'âme et du corps. Revue des études anciennes 66
   (= Annales de la Faculté des lettres de Bordeaux 4. série 86) 1964,
   p. 53 - 107.
5 p. 92 n. 1.
6 p. 53 n. 1; p. 55 n. 4.

nerseits nicht den Oxforder Beitrag Fortins. In der Linie dieser Arbeiten liegt eine ungedruckte amerikanische Dissertation
von 1969; ihr Verfasser, J.T. Newton Jr., bezog die chalce-
donensische Definition in seine Darlegungen ein und verwendete
den entsprechenden Abschnitt in einem Aufsatz von 1971[7].

Haben die genannten Arbeiten ihren Schwerpunkt entweder bei
Porphyrius (Dörrie) oder bei den Einflüssen des Porphyrius
auf Augustin, so spielt in der Monographie von St. Otto über
die beiden Leontii (1968)[8] als neuplatonischer Bezugspunkt,
wie es sich von der Chronologie her nahelegt, Proklus die
Hauptrolle. Otto verweist auf die Arbeiten Fortins, benutzt
Dörrie und selbstverständlich die Proklusmonographie von W.
Beierwaltes (1965)[9].

Genannt werden muß hier noch das erste Nestoriusbuch von L.I.
Scipioni (1956)[10], das R. Arnous Aufsatz von 1936 über Nesto-
rianismus und Neuplatonismus diskutiert[11]. Arnou analysiert
darin den Nemesius; Scipioni seinerseits zitiert daraus alle
wichtigen Aussagen über die ἀσύγχυτος ἕνωσις von Leib und Seele.
Die Lehre von der Leib-Seele-Einheit nimmt er dann als tertium
comparationis zwischen Nemesius und Nestorius und kommt zum
Ergebnis, daß an diesem Punkt keine Abhängigkeit herrsche:
"Evidentemente il contesto filosofico sul quale Nestorio si

---

7 J.T. Newton Jr., The importance of Augustine's use of the neoplatonic
   doctrine of hypostatic union for the development of christology. Augu-
   stinian Studies 2 (1971), p. 1 - 16. Dort p. 1 n. 1 der Titel der Dissertation Newtons: Neoplatonism and Augustine's doctrine of the person
   and work of Christ: a study of the philosophical structure underlying
   Augustine's christology (unpublished doctoral dissertation, Emory Uni-
   versity, Atlanta 1969). c. 2 der Arbeit (= p. 55 - 135) liegen dem
   Aufsatz zugrunde.
8 St. Otto, Person und Subsistenz. Die philosophische Anthropologie des
   Leontius von Byzanz, ein Beitrag zur spätantiken Geistesgeschichte,
   München 1968. Der erste Teil des Buches befaßt sich mit Leontius von
   Byzanz, der zweite mit Leontius von Jerusalem.
9 W. Beierwaltes, Proklos. Grundzüge seiner Metaphysik (Philosophische
   Abhandlungen 24), Frankfurt/M 1965.
10 L.I. Scipioni, Ricerche sulla cristologia del "Libro di Eraclide" di
   Nestorio. La formulazione teologica e il suo contesto filosofico (Pa-
   radosis 11), Fribourg 1956.
11 Scipioni p. 11 - 23. R. Arnou, Nestorianisme et néoplatonisme. L'unité
   du Christ et l'union des "Intelligibles". Gregorianum 17 (1936), p.
   116 - 131.

muove non può essere il neoplatonismo"[12].

Meine eigene Beschäftigung mit den philosophischen Konnexio-
nen bzw. Ursprüngen der technischen christologischen Terminologie im Tomus Leonis und in der chalcedonensischen Definition
nahm bei Beierwaltes und Dörrie ihren Ausgangspunkt[13], abgesehen von Scipioni zunächst ohne Kenntnis der oben genannten
Literatur einschließlich Otto[14]. Beierwaltes bringt p. 31 ff[15].
Material hauptsächlich aus dem Parmenideskommentar des Proklus, dessen wörtliche Übereinstimmung mit der leonischen und
chalcedonensischen Terminologie überwältigend ist, doch erwähnt Beierwaltes (so wenig wie Dörrie) weder Leo noch Chalcedon. Da die Theologen in der Mitte des 5. Jahrhunderts kaum
schon von Proklus abhängig sein konnten, Porphyrius aber weit
genug zurück lag, um eine theologische Auswirkung auch bei
anderen als Augustin und Nemesius voraussetzen zu können, kam
es darauf an festzustellen, welche Vertrautheit Leo und die
unmittelbar in Chalcedon Beteiligten mit dieser Terminologie
aufwiesen und worauf diese Vertrautheit eventuell beruhte.
Dabei stellte sich bald heraus, daß auch die Trinitätslehre
in die Untersuchung einzubeziehen war[16]. Das heißt aber, daß

---

12 Scipioni p. 33. - Worauf es angekommen wäre, wäre die Beobachtung des
   evtl. Gebrauches von ἀσύγχυτος etc. in der Christologie gewesen. Bei
   Babai d. Gr., dessen De unione Scipioni zur Interpretation des Liber
   Heraclides heranzieht, spielt die gesamte Terminologie der ἀσύγχυτος
   ἕνωσις eine enorme Rolle, nicht nur christologisch (die Stellen sind
   so zahlreich, daß ich sie hier nicht aufführe), sondern auch trinitarisch (c. 5 ff.). Auch den Gedanken im Verstand schreibt er diese Weise der Einheit zu (c. 3, CSCO 80 = Script. Syri 35, p. 17,23-25 ver-
   sio). In den Nestoriana ed. F. Loofs gibt das Register für ἀσύγχυτος
   zwei Stellen an; p. 171,6 f. (im zweiten Brief an Caelestin von Rom):
   per coniunctionem summam et inconfusam; p. 249,1 f. (in der achten
   Predigt): ἀσύγχυτον τοίνυν τὴν τῶν φύσεων τηρῶμεν συνάφειαν.
13 Anläßlich eines Versuchs im Wintersemester 1972/3, in die Elementa
   theologica des Proklus einzudringen.
14 Auf Fortin verwies mich der verehrte A.H. Armstrong, auf St. Otto mein
   Tübinger Kollege H.J. Vogt. Die Augustin betreffende Literatur findet
   man bei W. Geerlings, Christus exemplum. Studien zur Christologie und
   zur Christusverkündigung Augustins, Mainz 1978.
15 In einem Kapitel, welches überschrieben ist: "Κοινωνία als ontologi-
   sches und hermeneutisches Prinzip von Trias."
16 Dies wird durch Beobachtungen bestätigt, die in den oben genannten Arbeiten gewissermaßen nebenbei anfallen. So Fortin 1959 p. 127 f. zu
   Claudianus Mamertus; Pépin p. 95 zu Augustin, De trinitate IX 4,7 -
   5,8, p. 96 zu IX 7,12 - 11,16; Otto p. 154 - 156 im Gefolge von Cor-
   sini zu Ps. Dionysius Areopagita. - Für den Nestorianer Babai s. o.

man grundsätzlich innertheologisch mit der Möglichkeit der
üblichen Übertragung trinitarischer Terminologie auf die Christologie auch im Bereich des Vokabulars der ἀσύγχυτος ἕνωσις
rechnen muß. Für die Trinitätslehre konnte jedoch nicht die
porphyrianische ἀσύγχυτος ἕνωσις von Leib und Seele zum Vor-
bild gedient haben, sondern nur jener andere locus, bei dem
von ἀσύγχυτος ἕνωσις geredet wird: der Einheit der Ideen im
Nous. Dieser locus scheint für uns am ausführlichsten und ter-
minologisch am ergiebigsten bei Proklus belegt zu sein, obwohl er natürlich älter ist. Seine Entstehung läßt sich mit
Hilfe Plotins noch in den Hauptschritten verfolgen.

Liddell-Scotts Wörterbuch gibt zu ἀσύγχυτος neben dem uns
nicht weiter überraschenden Proklus noch Philo, Plutarch und
Arrianus (Epiktet) als Fundstellen an. Das Philoregister von
Leisegang hat für das Adjektiv: II 266,22 ausgesagt von δυνάμεις, I 9,3 ἐπίνοιαι und V 233,9. 239,2 τὸ ἀσύγχυτον der Wahrnehmung[17]. Plutarch sagt (Quaest. conviv. VIII 10,735 B) von
der Wahrnehmung nach demokritischer und epikuräischer Lehre:
ὅταν ἐνάρθρους (artikuliert) καὶ ἀσυγχύτους φυλάττοντα προσ-
μίξῃ τὰς εἰκόνας[18].

Von der Vorstellungskraft, die das Wahrgenommene "nicht zu-
sammenschüttet", aber doch dessen Einheit festhält, geht Plotin Enn. V 8,9 aus, um über einen weiteren Schritt, der von
der "Masse" absieht, ohne doch eine "Verkleinerung" vorzuneh-
men zur Einheit und Vielheit des Göttlichen vorzudringen:
τοῦτον τοίνυν τὸν κόσμον, ἑκάστου τῶν μερῶν μένοντος δ᾽ ἔστι

---

n. 12. - Ferner ist hier noch zu nennen: G. Madec, Une lecture de Con-
fessions VII 9,13 - 21,27 (Notes critiques à propos d'une thèse de R.J.
O'Connell). Rêvue des études augustiniennes 16 (1970), p. 79 - 137.
Madec kann De quantitate animae 34,77 und De moribus I 30,62, in denen
das Vokabular der ἀσύγχυτος ἕνωσις erscheint, überzeugend als trinitarisch gemeint erklären. Auch kann er zwei weitere Texte für den trinitarischen Gebrauch beibringen: De civitate dei XI 28 und ep. 170,5 (p.
133 f.). - Ich meinerseits möchte darauf aufmerksam machen, daß in Be-
gleitung der Nomenklatur der ἀσύγχυτος ἕνωσις immer wieder Ausdrücke
wie coniuncte, cohaerere etc. erscheinen, also termini der συναφεια.
Cf. auch die beiden Nestoriusstellen o. n. 12.

17 V 280,9 καλοκαγαθία.

18 Arrian, Epikt. IV 8,20: wie ich esse, trinke, sitze ... βλέπε ... πῶς
τηρῶ τὰς σχέσεις τὰς φυσικὰς ἢ ἐπιθέτους ἀσυγχύτως καὶ ἀπαραποδίστως
(klar); IV 11,8: (die Seele) καθαρὰ δ᾽ ἢ ἔχουσα οἷα δεῖ δόγματα· μόνη
γὰρ αὕτη ἐν τοῖς ἔργοις τοῖς αὑτῆς ἀσύγχυτος καὶ ἀμόλυντος (unbefleckt).

καὶ μὴ συγχεομένου, λάβωμεν τῇ διανοίᾳ, εἰς ἓν ὁμοῦ πάντα, ὡς
οἷόν τε, so daß, ἑνὸς ὁτουοῦν προφαινομένου, alles andere her-
vorruft. Stellt euch eine Lichtsphäre vor, die alles in sich
enthält; seht nun von Masse, Ort, Materie ab, ruft den Gott
an, der die Sphäre hervorgebracht hat, deren Bild ihr habt,
daß er zu euch komme: ὁ δὲ ἥκοι τὸν αὐτοῦ κόσμον φέρων μετὰ
πάντων τῶν ἐν αὐτῷ θεῶν εἷς ὢν καὶ πάντες καὶ ἕκαστος πάντες,
συνόντες εἰς ἓν καὶ ταῖς μὲν δυνάμεσιν ἄλλοι, τῇ δὲ μιᾷ ἐκείνῃ
τῇ πολλῇ πάντες εἷς. μᾶλλον δὲ ὁ εἷς πάντες· οὐ γὰρ ἐπιλείπει
αὐτός, ἢν πάντες ἐκεῖνοι γένωνται, ὁμοῦ δέ εἰσι ... [18a]. In
V 9,6 nimmt Plotin die "nicht zusammengeschütteten" Kenntnisse der Seele als Vergleichspunkt für die Unterschiedenheit
der νοητα im Nous. Auch hier handelt es sich nicht so sehr um
einen Vergleich, als vielmehr um eine Steigerung: νοῦς μὲν δὴ
ἔστω τὰ ὄντα, καὶ πάντα ἐν αὐτῷ οὐχ ὡς ἐν τόπῳ ἔχων, ἀλλ' ὡς αὐτὸν ἔχων καὶ ἓν ὢν αὐτοῖς. πάντα δὲ ὁμοῦ ἐκεῖ καὶ οὐδὲν ἧττον
διακεκριμένα. ἐπεὶ καὶ ψυχὴ ὁμοῦ ἔχουσα πολλὰς ἐπιστήμας ἐν
ἑαυτῇ οὐδὲν ἔχει συνκεχυμένον καὶ ἑκάστη πράττει τὸ αὐτῆς,
ὅταν δέῃ, οὐ συνεφέλκουσα τὰς ἄλλας, νόημα δὲ ἕκαστον καθαρὸν
ἐνεργεῖ ἐκ τῶν ἔνδον αὖ νοημάτων κειμένων. οὕτως οὖν καὶ πολὺ
μᾶλλον ὁ νοῦς ἐστιν ὁμοῦ πάντα καὶ αὖ οὐχ ὁμοῦ, ὅτι ἕκαστον
δύναμις ἰδία. Plotin benutzt also das "Nichtzusammengeschüt-
tet-Sein" des Wahrgenommenen bzw. der Fähigkeiten auf dem Ni-
veau der menschlichen Seele als Ausgangspunkt eines Komparativs,
um Verhältnisse im Bereich des Göttlichen einsichtig zu
machen. Was bei ihm gerade fehlt, ist die Bezeichnung der
"Götter" im "Gott" bzw. der νοητά im Nous als "nicht zusammen-
geschüttet", d.h. er hat, vermutlich mit Absicht, die Übertragung vom seelischen auf den geistigen Bereich nicht vollzogen,

---

18a Eine Paraphrase von V 8,9 gibt auch Dodds und schließt folgende Bemer-
    kung an: "Dies ähnelt stark den Meditationsübungen, wie sie von indi-
    schen und christlichen Mystikern vorgeschrieben werden, und scheint
    anzudeuten, daß wir beim Übergang von διάνοια zu νόησις in Wirklich-
    keit von wissenschaftlichem oder logischem zu religiösen, d.h. prä-
    oder postlogischem Denken übergehen." E.R. Dodds, Tradition und per-
    sönliche Leistung in der Philosophie Plotins, in: C. Zintzen (Hsg.),
    Die Philosophie des Neuplatonismus (Wege der Forschung 436), Darmstadt
    1977, p. 58-74, hier: p. 67 (deutsche Übersetzung von: Tradition and
    personal achievement in the philosophy of Plotinus. Journal of Roman
    Studies 50 (1960), p. 1 - 7).

die doch von Porphyrius an belegt ist. Man kann aber angesichts dessen, was man bei Tertullian findet (s.u.), nicht sagen, Plotin habe die Übertragung noch nicht vorgenommen, denn sie muß jedenfalls schon dem Tertullian in ihrem Ergebnis bekannt genug gewesen sein[19], um wiederum für Trinitätstheologie und Christologie verwendet werden zu können. Auch an diesem Einzelpunkt bestätigt sich das bekannte Phänomen des porphyrianischen Rückgriffs auf vorplotinische Philosophie und damit wieder die Sonderstellung Plotins[20].

Plotins differenzierenden Darlegungen haben uns nicht nur das Vorstadium der ἀσύγχυτος ἕνωσις der νοητά im Nous aufbewahrt, sondern sie haben noch das weitere Verdienst, den Ursprung des berühmten Satzes im Tomus Leonis, "agit enim utraque forma[21] cum alterius communione quod proprium est, verbo scilicet operante quod verbi est, et carne exequente quod carnis est" (ACO II 2 p. 28,12-14), zu erhellen. Die leonische Formel ist (durch wieviel Stadien der Vermittlung?) abhängig von Tertullian, Adversus Praxean c. 27,11 "et adeo salva est utriusque proprietas substantiae[22], ut et spiritus res suas egerit in illo, id est virtutes et opera et signa, et caro passiones suas functa sit, esuriens sub diabolo, sitiens sub Samaritide, flens Lazarum, anxia usque ad mortem, denique et mortua". § 13 "Sed quia substantiae ambae in statu suo quaeque distincte agebant, ideo illis et operae et exitus sui occurrerunt." Vgl. Leo I, sermo 54,1[23] (PL 54,319 BC): "Exprimit quidem sub distinctis actionibus veritatem suam utraque natura ...". Bei Plotin ist es jede ἐπιστήμη der Seele, die

---

19 C. Kannengiesser merkt in seiner Anzeige von Hadots Victorinusbuch in Révue des études augustiniennes 16 (1970) an (p. 163 n. 23): "Il y aurait une ou plusieurs relectures à pratiquer sur l'ouvrage que nous recensons, dans le seul but d'y analyser ce qui concerne la transposition du stoicïsme, de sa logique, de sa psychologie et de ses notions fondamentales par Porphyre lui-même et par ses prédécesseurs neoplatoniciens" (er benennt 18 Seiten oder längere Passagen aus Hadots Buch). Ein Teil dieser Umsetzung ist vermutlich schon vor Plotin geschehen, uns aber erst bei Porphyrius greifbar.

2o Man vergleiche oben im ersten Aufsatz Plotins Verzicht auf das chaldäische ἁρπάζειν.

21 "forma" meint die μορφή von Phil. 2.

22 cf. Leo l.c. p. 27,2: salva igitur proprietate utriusque naturae.

23 Sermo 54 ist bekanntlich eine der Quellen für den Tomus.

"das Ihre tut, bei Bedarf, ohne die anderen mit sich zu ziehen" (s.o. V 9,6). Auch diese gängigen[24] Aussagen aus dem Bereich der Diskussion über die Einheit der Seele und ihrer Teile müssen schon auf die Ideenlehre übertragen worden sein, um
von Tertullian so benutzt werden zu können, gehörten also zur
Nomenklatur der ἀσύγχυτος ἔνωσις der νοητά im Nous. Die Formulierung trägt die Eierschalen ihrer Herkunft bei Tertullian
noch an sich, wogegen der Tomus des Leo ein Empfinden für die
Korrekturbedürftigkeit zeigt und daher einfügt: " ... cum alterius communione ..." (p. 28,12). Zwei Zeilen vorher (p. 28,
10 f.) betont Leo: "et nullum est in hac unitate mendacium"
(Fiktion), "dum in invicem (ineinander)[25] "sunt et humilitas
hominis et altitudo deitatis". Cf. Sermo 54,1 (l. c.): "nihil
ab invicem vacat" (nichts ist voneinander abwesend), "tota est
in maiestate humilitas, tota in humilitate maiestas". Beides
ist so zusammengeknüpft, "ut utraque alteri natura inesset,
et neutra in alteram a sua proprietate transiret[26]". Aber
selbst diese Erläuterungen und Näherbestimmungen lagen im Be-
griffsfeld der ἀσύγχυτος ἔνωσις bereit[27], wie die zeitgenös-

---

24 Über ihre Gängigkeit belehrt mich Dr. W. Haase, Tübingen.
25 cf. Souter, Glossary of later Latin, s.v. invicem: "treated as one word,
   preceded by almost any prep., to indicate various reciprocal relations,
   such as ab invicem, from one another, ad invicem, to one another."
26 Dazu im Tomus, ACO II 2, p. 30,19 f.: Lc. 24,39 ist gesagt, ut agnosce-
   retur in eo proprietas divinae humanaeque naturae individua permanere
   et ita sciremus verbum non hoc esse quod carnem. - Eine unmittelbar
   trinitarische Anwendung der Nomenklatur bietet der Tomus nicht, doch
   gibt es eine merkwürdige Erläuterung zu 1. Joh. 5,4-8 (Geist, Wasser,
   Blut geben Zeugnis; die drei sind eins). Im Anschluß an das Zitat liest
   man, p. 31,23-25: spiritus utique sanctificationis et sanguis redemp-
   tionis et aqua baptismatis, quae tria unum sunt et individua manent
   nihilque eorum a sui conexione seiungitur. Das sieht so aus, als hätte
   Leo die trinitarische Auslegung des Abschnitts, wie sie in Gestalt des
   Komma johanneum in den Text eindrang, im Kopfe (cf. schon Cyprian, De
   unitate ecclesiae c. 6). Jedenfalls ist nach dieser Stelle sicher, daß
   Leo die ἀσύγχυτος ἔνωσις als eine von νοητά im Nous kennt, nicht bloß
   als Leib-Seele-Einheit. Es ist interessant, daß die Hs. P. für conexione liest: coniunctione (über conexio als Bestandteil der συνάφεια - Nomenklatur s.u. Novatian). Und der Diakon Rusticus (ein antiker Herausgeber der chalcedonensischen Akten) merkt zu unserer Zeile an: magnum
   exemplum quo (Schwatz ergänzt vielleicht überflüssig zu quod) plura
   unum sint et duae naturae unius domini Jesu Christi. - Es ist richtig
   von ihm beobachtet, daß es sich um das (alte griechische) Problem von
   Einheit und Vielheit handelt.
27 Von hier aus ist Madec (o. n. 16) zu korrigieren, der in seiner Kritik

sischen Neuplatoniker belegen. Syrian (erste Hälfte des 5.
Jhdts.), der Lehrer des Proklus, stellt ἀσύγχυτος ἕνωσις und
ἀνέκλειπτος (unaufhörliche)κοινωνία nebeneinander; die göttlichen εἴδη sind "einander vereint" und "durchdringen einander rein und unzusammengegossen"[28]. Und Proklus, In Parm. p.
754 Cousin: δεῖ ... τὰ εἴδη ... χωρεῖν δι' ἀλλήλων καὶ εἶναι
ἐν ἀλλήλοις ... τὰ δὲ[29] νοητὰ τὴν ἕνωσιν ἔχει τὴν αὐτοῖς πρέ-
πουσαν καὶ τὴν ἀσύγχυτον δι' ἀλλήλων δίιξιν (Durchdringung)[30].
Dies ist also die "geziemende" Weise, von Einheit auf der
Ebene des Geistigen zu sprechen.

II

Jedem, der sich mit antiochenischer und nestorianischer
Christologie befaßt, ist das Verb συνάπτω und das entsprechen
de Nomen συνάφεια als Begriff vertraut, mit dem die Einheit
der beiden Naturen in Christus ausgedrückt wird. Kyrill von
Alexandrien hat zwar in seinen Anathemata vom November 430[31]
den Begriff inkriminiert (anath. 3 und 11) und damit wie in
anderen Dingen nur zu oft die Optik der Dogmengeschichts-

---

an O'Connell dessen Darstellung der Beziehung Augustin-Chalcedon hinsichtlich der ἀσύγχυτος ἕνωσις bemängelt (p. 132 f.), u.a. mit der Begründung, daß im Tomus Leonis sich der Ausdruck unio inconfusa oder
das Wortpaar neque confuse - neque discrete nicht finde (p. 133 n. 277).
Außerdem sagt Leo in sermo 54,1 col. 319 BC: nec infert unitas confu-
sionem, nec dirimit proprietas unitatem. - Aber dies alles braucht
nicht aus Augustin bezogen worden zu sein.

28 Stellen aus dem Metaphysikkommentar bei Beierwaltes p. 47 n. 111.
29 Voran geht ein Kolon mit μέν: "die sinnlich wahrnehmbaren Dinge zwar
   ...".
30 A. Grillmeier, Jesus der Christus im Glauben der Kirche I, Freiburg
   etc. 1979, p. 747 f. beschreibt das Nebeneinander von "Vermischungs-
   terminologie", Aussagen über die unbeeinträchtigte Eigentümlichkeit
   jeder Natur und über "die Einigung in Christus" "als eine circumin-
   cessio" (in leonischen Texten vor dem Tomus). Was die Mischungsvokabeln mit beiden anderen Arten der Beschreibung zu tun haben, wird sich
   weiter unten herausstellen; die beiden anderen Arten aber sind mit
   Hilfe der neuplatonischen Parallelen als zusammengehörig zu erkennen.
   - Die Aussagen über das Durchdringen der νοητά (Proklus und vor ihm
   Syrian) oder das Ineinander der Naturen in Christus (Leo) gehen natürlich auf die alte stoische κρᾶσις zurück, nur sind sie längst abstra-
   hiert von allen Vorstellungen von Raum, Ort, Materialität.
31 Die Anathemata stehen am Ende des 3. Briefes gegen Nestorius (= ep.
   17), ACO I 1,1 p. 40 - 42.

schreibung verzerrt, aber ein Blick in Lampes Patristic Greek
Lexicon belehrt über die weite Verbreitung des Gebrauchs sowohl in der Trinitätslehre wie in der Christologie; es kann
sich also nicht um eine spezifisch antiochenische Ketzerei
handeln[32]. Auch in der Trinitätslehre dient σύναπτω etc. zur
Bezeichnung von Einheit, συνάπτω und ἑνόω werden synonym gebraucht[33]. Da dies nach der philosophischen Vorgeschichte des
Wortes keineswegs selbstverständlich ist (s.u.), muß man fragen, was es inhaltlich bedeutet, wenn συνάφεια für ἕνωσις ein-
treten kann, und welche Rückschlüsse sich für die historische
Entwicklung der Begrifflichkeit ziehen lassen. Ich verfolge
zunächst eine neuplatonische Linie, auf die mich eine Bemerkung von Dodds gebracht hat.

In seinen Elementa theologica benutzt Proklus[34] nicht selten
συνάπτω ect., zum ersten Mal in These 11. Hierzu sagt Dodds[35],
das Verb werde an dieser Stelle "einfach für kausale Abhängigkeit" gebraucht; "für die religiöse Bedeutung des Wortes" ver-

---

32 Siehe auch das zweite Nestoriusbuch von L.I. Scipioni, Nestorio e il
   concilio di Efeso, Mailand 1974, p. 280 - 282. p. 280 mit n. 169: Scipioni hat bei Kyrill von Alexandrien den trinitarischen Gebrauch von
   συνάπτω, συνάφεια gefunden (neben dem religiösen), "vale a dire nei
   casi nei quali è importante mantenere la distinzione personale"; aber
   er fand nicht den christologischen. Kyrill ignoriere mehr oder weniger
   absichtlich die bei den Vätern verbreitete christologische Verwendung;
   selbst seine Anhänger haben συνάφεια im Sinne von ἕνωσις. p. 282: Kyrills Attacke auf die antiochenische συνάφεια habe ein falsches Problem gestellt.

33 Ein klassisches Beispiel vollständiger Synonymie von ἑνόω und συνάπτω
   in der Trinitätslehre sind die Aussagen des Euseb von Caesarea in De
   ecclesiastica theologia über die Relation von Vater und Sohn, wie
   Marcell von Ankyra sie lehre: GCS 14 Klostermann p. 64,21-23; 87,29
   -31; 88,24 f.; 105,14 f. (nur συνάπτω); 180,5 f. Diese letzte Stelle
   ist besonders wichtig: τῇ οὐσίᾳ συναφθησομένου (οὐσία = ὑπόστασις).
   E. Bellini (s.u. n. 90) meint (p. 530), daß Euseb hier das Vokabular
   Marcells reproduziere. In den Marcellzitaten, wie sie Klostermann im
   Anhang seiner Ausgabe zusammengestellt hat, kommt συνάπτω zweimal
   christologisch vor: Nr. 1 und 107, trinitarisch nicht. In Contra Mar-
   cellum beschreibt Euseb die marcellische Einheit von Gott und Logos
   nur mit der Vokabel συνάπτω (p. 6,16 f.; 57,2 f. 15. 28 f.). Da in
   Eusebs Beschreibung ja ein Element des Tadels enthalten ist, weil für
   Marcell eine Hypostase ist, was für ihn drei sind, ist der aktive
   Sinn der beiden Verben wohl sehr stark betont, wogegen Marcell doch
   von der Einheit ausgeht; dies scheint mir dafür zu sprechen, daß es
   sich um Eusebs termini und nicht die seines Gegners handelt.

34 Proklus, The Elements of Theology, ed. E.R. Dodds, Oxford 1963[2].

35 p. 198 n. 1.

weist Dodds auf Nock in dessen Einleitung der Sallustius-Aus-
gabe[36]. Sallustius ist bekanntlich wiederum von Jamblichus
abhängig; gerade die Verwendung von συνάπτω und συναφή[37] als
Synonym für ἑνόω, ἕνωσις ist einer der Belege für diese Beziehung. Dodds seinerseits zählt συναφή zur beträchtlichen
Reihe von termini technici, die Proklus aus Jamblichs De mysteriis übernommen hat[38].

Beginnen wir bei den Elementa theologica des Proklus. Der
Index des Herausgebers erfaßt συνάπτω und alle Derivate (einschließlich des negierten Adjektivs), führt beim Verb jedoch
die medialen Formen nicht vollständig auf ("al."). Das Vorkommen der Vokabeln verteilt sich ziemlich gleichmäßig über
das ganze Buch, von den Thesen über die Ursachen bis zu denen über die Seele, vom συνάπτειν der Ursache und des Verur-
sachten (These 11) bis zum συνάπτειν der Seelen mit der göttlichen Seele (These 204)[39]. Dodds übersetzt das Verb meist
wörtlich mit "conjoin" oder "link" oder sagt für ἀσύναπτος
"discontinous". Wenn Dodds zu These 11 bemerkt, daß das Verb
hier die kausale Abhängigkeit ausdrücke, so muß man sich klar-
machen, daß es damit die Voraussetzung für die religiöse Verwendung schafft, etwa bei Sallustius, wo Nock es mit "unite"
übersetzt. Man kann gewiß sagen, die kausale Ableitung sei
Voraussetzung für die religiöse Vereinigung wie πρόοδος, Hervorgehen, Voraussetzung für ἐπιστροφή, Rückwendung, ist. Bei
Sallustius heißt es denn auch ausdrücklich in c. 16 (p. 28,

---

36 Sallustius, Concerning the Gods and the Universe, ed. A.D. Nock, Cam-
bridge 1926, p. XCVIII.
37 Bei Neuplatonikern wie bei den christlichen Theologen überwiegt gut
griechisch bei weitem der verbale Gebrauch des Stammes συνάπτω, dasselbe hat Scipioni, l.c. p. 281 n. 173, an den stoischen Texten beobachtet. Das Nomen ist bei den Christen gelegentlich συναφή, meist aber
συνάφεια. Die Neuplatoniker dagegen reden von συναφή. Das Überwiegen
des verbalen Gebrauchs in allen Textgruppen erlaubt den inhaltlichen
Vergleich auch bei verschiedener Gestalt des Nomens. Der lexikalische
Befund ergibt keine entscheidende inhaltliche Differenz zwischen den
beiden Nominalformen. Nach der griechischen Wortbildungslehre wäre
συναφή ein nomen actionis wie auch ein nomen acti oder rei actae, kann
also sowohl die Tätigkeit wie ihr Ergebnis bezeichnen; συνάφεια wäre
dagegen ein nomen qualitatis. Dies könnte ein Grund für die Bevorzu-
gung der letzteren Form bei den christlichen Theologen sein; cf. u.n.57.
38 Dodds l.c. p. XXII n. 5; cf. Jamblique, Les mystères d'Égypte, ed. E.
des Places, Paris 1966, p. 26.
39 These 11. 14. 15. 28. 32. 33 35. 55. 76. 110. 116. 135. 136. 148. 158.

27-29 Nock § 1 Erde p. 21 Rochefort[40]): οἰκεία δὲ τελειότης
ἑκάστῳ ἡ πρὸς τὴν ἑαυτοῦ αἰτίαν συναφή, καὶ διὰ τοῦτο ἡμεῖς
εὐχόμεθα συναφθῆναι θεοῖς = "and the appropriate perfection
of each object is <u>union</u> with its <u>cause</u>. For this reason also
we pray that we may <u>have union</u> with the gods[41]." Daß man συνάπτειν mit ἐπιστροφή (die ja ihrerseits Einheit herstellt) zu-
sammenbringen darf, zeigt These 33 des Ploklus: was zu seinem
Ausgangspunkt zurückkehrt, συνάπτει τῇ ἀρχῇ τὸ τέλος (p. 36,
13 f. Dodds). Oder noch eindeutiger These 32: ἡ ἐπιστροφὴ κοινωνία τίς ἐστι καὶ συναφή (p. 36,8), beides wiederum durch
Ähnlichkeit, ὁμοιότης[42]. Was keine κοινωνία hat, ist ἀσύναπτον
und ἀσυμπαθές[43] (These 35 p. 38,12 f.). Das Streben nach συναφή belegt, daß Hervorgebrachtes mehr Einheit mit als Unterscheidung von seiner Ursache aufweist (These 28)[44]. Das συνάπτειν von Unähnlichem, ἀνόμοια, ist Aufgabe des μέσον[45], des
Mittleren (These 55 p. 52,17-19), das mit beidem Ähnlichkeit
hat; oder in der abstraktesten Formulierung des triadischen
Schrittes aus dem Einen heraus und zu ihm wieder zurück: des
μετεχόμενον zwischen ἀμέθεκτον und μετέχον. Im Schematismus
der Elementa theologica nimmt auch der religiöse Aspekt der
Rückkehr die Gestalt des Kausalnexus an (These 158): unter
den Göttern (den Henaden)[46] gibt es das ἀναγωγὸν αἴτιον und

---

175. 181. 204.

40 Saloustios, Des dieux et du monde, ed. G. Rochefort. Paris 1960. Diese
   Ausgabe hat keine Zeilenzählung, sondern gliedert nach Paragraphen.
   Ich behalte die Zeichensetzung von Nock bei, berücksichtige aber evtl.
   Textdifferenzen bei Rochefort, der die handschriftliche Basis der Edi-
   tion erweiterte.

41 Rochefort übersetzt hier und sonst συναφή mit "communion", bzw. συνάπτω
   mit den entsprechenden Verben; aber das ist angesichts des Verursa-
   chungszusammenhanges zu schwach, obwohl es für die zweite Hälfte des
   Satzes natürlich erscheint. Die folgenden Prokluszitate zeigen, daß
   κοινωνία und συναφή zusammengehen.

42 Für συνάπτειν und Ähnlichkeit unter verschiedenen Hinsichten (Bewegung,
   Ewigkeit, Vielfalt) siehe noch die Thesen 14. 55. 135. 136. 148. 181.

43 Zu συμπάθεια in diesem Zusammenhang vergleiche man das Urteil von H.
   Dörrie (s.o. n. 3): "Poseidonios' Konzeption von der συμπάθεια über-
   nahm ganz offenbar viele von den Funktionen der Einung, die vorher das
   πνεῦμα hatte" (p. 28 n. 2, dort auch Stellenangaben).

44 Für συνάπτειν und ἐπιστροφή siehe noch die Thesen 15. 35.

45 s.u. Sallustius.

46 Über die Entpersönlichung der Götter als Henaden s. Dodds l.c. p. 260:
   "That Homer's Olympians, the most vividly conceived anthropomorphic
   beings in all literature, should have ended their career on the dusty

das καθαρτικόν und das ἐπιστρεπτικόν. Der hinaufführenden Ursache gebührt der Platz vor der reinigenden Ursache, denn:
συνάπτει τοῖς κρείττοσι , sie führt das Zurückkehrende εἰς τὸ
ἄνω καὶ τὸ θειότερον.

Aus dem Gebrauch von συνάπτω etc. in den Elementa theologica des Proklus lassen sich einige Folgerungen ziehen: dies so
außerordentlich konkrete, geradezu taktile Wort wird auf den
höchsten Ebenen metaphysischer Abstraktion verwendet, als ein
genereller terminus für den kausalen und zyklischen Nexus des
Seins in seiner Entfaltung vom Einen zum Vielen und in seiner
Rückkehr zum Ausgangspunkt. In der Analyse dieses Vorgangs
und des Zusammenhalts des Seins hat συνάπτειν eine einigende
Funktion. Das heißt, es setzt Unterscheidung voraus, und in
der Tat: ἅμα γὰρ διακρίσει πρόοδος, "Hervorgehen (geschieht)
zusammen mit Unterscheidung" (These 35 p. 38,11). Wahrscheinlich kann man unter den Folgerungen auch noch aufführen, daß
συνάπτειν im Allgemeinen ein Höheres und ein Niederes vereint;
die Entfaltung des Seienden hat eine grundsätzliche Abwärts-
neigung, die Rückkehr zum Ausgang führt nach oben, zum Höheren, Göttlicheren. Das vorhin gegebene Sallustius-Zitat erlaubt es, alle diese Folgerungen schon auf Jamblichus zurückzuprojizieren, also auf den Beginn des 4. Jahrhunderts.

Von Sallustius sagt Nock: "The term συναφή, of union between
god and man, is used repeatedly by Sallustius", und er fährt
fort: "Jamblichus is not the first to use it so, but he uses
it with marked frequency, as also its synonym ἕνωσις[47]." Die
Stellen aus Sallustius, die Nock dazu nennt, beziehen
sich alle auf die συναφή zwischen Menschen und Göttern; wir
haben aber schon gesehen, daß eine dieser Stellen den Kausalnexus als Voraussetzung für die religiöse Vereinigung angibt.
In der Fortsetzung eben dieser Stelle aus dem 16. Kapitel wird
wie bei Proklus dem jeweiligen μέσον die Funktion des συνάπτειν zugewiesen, so daß auch dieser topos mit Sicherheit dem
Jamblichus zugeschrieben werden kann. Sallustius hat praktische religiöse Interessen bei der Übernahme solcher Lehren,

---

shelves of this museum of metaphysical abstractions is one of time's
strangest ironies."
47 Nock p. XCVIII.

er rechtfertigt damit den Opferkult.

Das 16. Kapitel (über die Opfer) lautet in Nocks Übersetzung: "I think it worth while to add a few words about sacrifices. In the first place, since everything we have comes from the gods, and it is just to offer to the givers first fruits of what is given, we offer first fruits of our possessions in form of votive offerings, of our bodies in form of hair[48], of our life in form of sacrifices. Secondly, prayers divorced from sacrifices are only words, prayers with sacrifices are animated words (ἔμψυχοι λόγοι), the word giving power to the life and the life animation to the word. Furthermore, the happiness of anything lies in its appropriate perfection, and the appropriate perfection of each object is union with its cause. For this reason also we pray that we may have union with the gods[49]." Ich fahre griechisch fort (p. 28,29 ff.; § 2 p. 21): ἐπεὶ τοίνυν ζωὴ μὲν πρώτη ἡ τῶν θεῶν ἐστι, ζωὴ δέ τις καὶ ἡ ἀνθρωπίνη βούλεται δὲ αὕτη συναφθῆναι ἐκείνῃ, μεσότητος δεῖται (οὐδὲν γὰρ τῶν πλεῖστον διεστώτων ἀμέσως συνάπτεται) ἡ δὲ μεσότης ὁμοία εἶναι τοῖς συναπτομένοις ὀφείλει, ζωῆς οὖν μεσότητα ζωὴν ἐχρῆν εἶναι καὶ διὰ τοῦτο ζῷα θύουσιν ἄνθρωποι οἵ τε νῦν εὐδαίμονες καὶ πάντες οἱ πάλαι, καὶ ταῦτα οὐχ ἁπλῶς ἀλλ' ἑκάστῳ θεῷ τὰ πρέποντα, μετὰ πολλῆς τῆς ἄλλης θρησκείας = "So, since thougt the highest life is that of the gods, yet man's life also is life of some sort, and this life wishes to have union with that, it needs an intermediary (for objects most widely separated are never united without a middle term), and the intermediary ought to be like the objects being united. Accordingly, the intermediary between life and life should be life, and for this reason living animals are sacrificed by the blessed among man to-day and were sacrificed by all the men of old, not in a uniform manner, but to every god the fitting victims, with much other reverence."

---

48 Zum Haaropfer s. Rochefort n. 2 zu p. 21: "Tout comme la consécration de la première barbe à une divinité - depositio barbae - donnait lieu à Rome, comme en Grèce, à une grande fête, l'offrande de cheveux sur l'autel comptait parmi les sacrifices d'action de grâces."
49 Die letzten Zeilen griechisch zitiert oben bei n. 41.

Eine Stelle, die Nock in der Einleitung nicht aufgeführt
hat, spricht vom συνάπτειν als vom Wiedervereinigen eines
niederen Gottes (des Demiurgen) mit den höheren (innerhalb
einer kosmogonischen Erklärung des Attismythus), c. 4 (p. 8,
13 f.; § 9 p. 8): ὁ ταῦτα ποιῶν δημιουργὸς δυνάμεις γονίμους
ἀφεὶς εἰς τὴν γένεσιν πάλιν συνάπτεται τοῖς θεοῖς = "the cre-
ator who was making these things cast away generative powers
into the world of becoming and was again united with the gods".
συνάπτειν durch Ähnlichkeit, c. 14 (p. 26,22 f.; § 2 p. 19):
ἡμεῖς δὲ ἀγαθοὶ μὲν ὄντες δι' ὁμοιότητα θεοῖς συναπτόμεθα =
"We, when we are good, have union with the gods because we
are like them"[50]. Oder, im andern Fall (p. 26,26 f., von Nock
nicht aufgezählt; § 2 p. 19 f.): ἀλλὰ τῶν ἁμαρτημάτων θεοὺς
μὲν[51] οὐκ ἐώντων ἐλλάμπειν δαίμοσι δὲ κολαστικοῖς συναπτόντων
= "but because our sins do not allow the gods to shed their
light upon us and instead subject us to the spirits of punish-
ment."

Im Buch des Jamblichus über die ägyptischen Mysterien kommt
συνάπτω usw. tatsächlich mit auffälliger Häufigkeit[52] vor,

---

50 Rochefort n. 16 zu p. 19: "Cette 'communion avec les Dieux' s'explique
   par une extension de la doctrine de l'émanation."
51 Rochefort: + ἡμῖν.
52 Man sollte einmal Erwägungen über eventuelle Beziehungen der Theologie
   des Theodor von Mopsuestia zum antiochenischen Neuplatonismus der Jam-
   blichusschule anstellen; es handelt sich dabei um Eigentümlichkeiten
   Theodors innerhalb der antiochenischen Christologie und Theologie. Das
   ganze Wortfeld der "Teilhabe" und Vertrautheit" wäre einzubeziehen;
   ich kann es auch nicht für einen Zufall halten, daß "Katastase", so
   wichtig für die eschatologische Akzentuierung der Theologie Theodors,
   bei Jamblichus in De mysteriis zehnmal vorkommt (des Places p. 43/4.
   49. 58. 77. 83. 90. 100. 118. 134. 169). Der Schluß von De mysteriis
   V 7 ist geradezu eine Grundstelle für das unzählbar häufig von Antiochenern und Nestorianern angeführte Axiom, daß die Gottheit nicht dem
   physikalischem Zwang unterworfen ist: οὐ γὰρ ἐν τῇ φύσει καὶ ταῖς φυ-
   σικαῖς ἀνάγκαις ἢ τῶν θεῶν κεῖται οὐσία, ὥστε πάθεσι φυσικοῖς συνεγεί-
   πεσθαι ἢ ταῖς διατεινούσαις δι' ὅλης τῆς φύσεως δυνάμεσιν, ἀλλ' ἔξω
   τούτων καθ' ἑαυτὴν ὥρισται, οὐδὲν ἔχουσα πρὸς αὐτὰ κοινὸν οὔτε κατ'
   οὐσίαν οὔτε κατὰ δύναμιν οὔτε κατ' ἄλλο οὐδ' ὁτιοῦν = "Car ce n'est
   pas dans la nature ni dans la nécessité physique que réside l'essence
   divine, au point d'être éveillée par des passions physiques ou par les
   puissances qui s'étendent à travers toute la nature, mais elle est li-
   mitée en elle-même, à l'écart de ces passions, sans rien de commun
   avec celles-ci selon l'essence ni selon la puissance ni selon quoi que
   ce soit" (p. 163). - Mindestens so interessant wie die eventuelle ter-
   minologische Abhängigkeit wäre die christliche Neuinterpretation, die

wie Nock sagt. Eine der von Nock angegebenen Stellen, nämlich
Partey p. 201,7, fällt zwar fort, weil des Places συνταττομέ-
νη für συναπτομένη liest[53]. Aber ich habe trotzdem vierzig
Fälle des Auftretens unserer Vokabel und ihrer Derivate gezählt (die Ausgabe von des Places hat leider keinen Index)[54]
συνάπτω wird u.a. ausgesagt von den verschiedenen Götterklas-
sen untereinander, von unseren Seelen und den Göttern; gelegentlich auch von den Seelen und bösen Geistern, wobei die
Tierseelen die Funktion des Mittleren haben. Die mehrfache
Übersetzung mit "Kontakt", also einer Grundbedeutung der Vokabel, bei des Places, ist so zutreffend wie in anderen Fällen mit "Vereinen". Die Synonymität von ἐνόω und συνάπτω für
Jamblichus wird an folgender Stelle deutlich: II 11 ("La for-
ce de la théurgie vient des dieux") des Places p. 96 "ce n'
est pas non plus l'acte de penser (ἔννοια) qui unit (συνάπτει) aux dieux les théurges; car alors qu'est-ce qui empêch-
erait ceux qui philosophent théoriquement d'arriver à l'union
théurgique (θεουργικὴν ἕνωσιν) avec le dieu? Mais la vérité
est tout autre: c'est l'accomplissement religieux des actions
ineffables dont les effets dépassent toute intellection, ain-
si que le pouvoir des symboles muets, entendus des dieux
seuls, qui opèrent l'union théurgique." συναφή als Einheit der entfalteten Welt, als Einheit mit der Ursache, jedem Erkennen dieses Bezuges vorgängig (und daher Theurgie

---

besonders im Fall der "Katastase" vorliegt.
53 des Places p. 159 oben.
54 Ich gebe im Folgenden die Fundorte nach Parthey, weil des Places keine eigene Zeilenzählung hat, sondern die Seiten- und Zeilenzahlen
Partheys am Rande mitführt.

I 3 p. 8,4; 9,13 Parthey	III 26 p. 126,13
I 5 p. 16,2	III 31 p. 176,19; 177,11
I 6 p. 20,7	IV 2 p. 184,6
I 12 p. 42,6.17	V 10 p. 211,5
I 15 p. 49,3.5	V 15 p. 220,16
I 19 p. 57,4 f.; p. 61,3	V 22 p. 231,9
I 20 p. 61,14.17	V 26 p. 239,17; 240,14.18
II 2 p. 69,5	VI 3 p. 243,17
II 11 p. 96,3	VII 4 p. 256,3
III 3 p. 107,2	VII 5 p. 258,2
III 11 p. 125,10	VIII 7 p. 269,17
III 13 p. 131,16	X 4 p. 289,3
III 18 p. 145,8.15	X 6 p. 292,6.14
III 25 p. 158,19; 159,6	

ermöglichend): I 3 des Places p. 41 unten - 42 συνυπάρχει γὰρ
ἡμῶν αὐτῇ τῇ οὐσίᾳ ἡ περὶ θεῶν ἔμφυτος γνῶσις, κρίσεώς τε πάσης ἐστὶ κρείττων καὶ προαιρέσεως, λόγου τε καὶ ἀποδείξεως
προϋπάρχει· συνήνωταί τε ἐξ ἀρηῆς πρὸς τὴν οἰκείαν αἰτίαν,
καὶ τῇ πρὸς τἀγαθὸν οὐσιώδει τῆς ψυχῆς ἐφέσει συνυφέστηκεν,
εἰ δὲ δεῖ τἀληθες εἰπεῖν, οὐδὲ γνῶσίς ἐστιν ἡ πρὸς τὸ θεῖον
συναφή. διείργεται γὰρ αὕτη πως ἑτερότητι. πρὸ δὲ τῆς ὡς ἑτέ-
ρας ἕτερον γιγνωσκούσης αὐτοφυής ἐστιν ...[55] ἡ τῶν θεῶν ἐξ-
ηρτημένη [56] μονοειδὴς συμπλοκή. οὐκ ἄρα συγχωρεῖν χρὴ ὡς δυ-
ναμένους αὐτὴν καὶ διδόναι καὶ μὴ διδόναι, οὐδ' ὡς ἀμφίβολον
τίθεσθαι (ἕστηκε γὰρ ἀεὶ κατ' ἐνέργειαν ἑνοειδῶς), οὐδ' ὡς
κυρίους ὄντας τοῦ κρίνειν τε καὶ ἀποκρίνειν οὕτως αὐτὴν δο-
κιμάζειν ἄξιον· περιεχόμεθα γὰρ ἐν αὐτῇ μᾶλλον ἡμεῖς καὶ
πληρούμεθα ὑπ' αὐτῆς, καὶ αὐτὸ ὅπερ ἐσμὲν ἐν τῷ τοὺς θεοὺς
εἰδέναι ἔχομεν. = "Car notre nature a de son fonds la connaissance innée des dieux, supérieure à toute critique et à
toute option, et antérieure au raisonnement et à la démon-
stration; cette connaissance et unie dès le début à sa cause
propre et va de pair avec la propension essentielle qui porte
notre âme vers le bien. A dire vrai, ce n'est pas même une
connaissance que le contract avec la divinité. Car la connaissance est séparée (de son objet) par une sorte d'alteri-
té. Or, antérieurement á celle qui connaît un autre comme
étant elle-même autre, spontanée est l'étreinte uniforme qui
nous a suspendus aux dieux. Il ne faut donc pas accorder que
l'on puisse reconnaître ce contact, ni se le représenter comme
ambigu (il demeure toujours en acte[57] à la manière de l'un),
et il est inutile de l'examiner comme s'il était en notre
pouvoir de l'admettre ou de le rejeter; car nous sommes plu-
tôt enveloppés de la présence divine; c'est elle qui fait

---

55 Diese Punkte hat der Herausgeber in seiner Übersetzung nicht berücksichtigt. Hier setzt eine größere Lücke der beiden Haupthandschriften
   ein, die aber anscheinend aus den anderen Zeugen aufgefüllt werden
   kann.
56 ἐξαρτάω ist von den Passivbedeutungen "jemandem anhangen, an etwas
   sich anschließen oder angrenzen, mit etwas zusammenhangen" her ein
   Synonym zu συνάπτω.
57 Dies "energetische", "einheitsgestaltige" (oder "- gestaltende"), ein-
   heitsbewirkende Verständnis von συνάπτω erklärt u.U., warum als Nomen
   die Form συναφή gewählt wird. Cf. o. n. 37.

notre plénitude et nous tenons notre être même de la science
des dieux."

Auch die klassische telos-Formel ὁμοίωσις θεῷ κατὰ δύνατον
kann mit Hilfe von συνάπτω ausgedrückt werden: VII 4 Parthey p.
256,2 f. κατὰ τὸ δύνατον τοῖς θεοῖς συνάπτομεν. Dies ist eine sachgemäße Übersetzung, wenn wir an die ὁμοιότης als Voraussetzung für συναφή denken[58]. Bei der Betrachtung des Ge-
betes V 26, welche die Lehre vom Opfer ergänzt, ergibt sich
jedoch eine Steigerung von συναφή über κοινωνία zur ἕνωσις
(des Places p. 281).

                              III

Nun gibt es eine Nomenklatur, in der συνάπτω per definitio-
nem nicht = ἐνόω ist: das ist die alte stoische, wie sie uns
die Doxographen überliefern. Ich beziehe mich hier auf die
Schemata, die H. Dörrie in seinem Porphyriusbuch[59] aus dem
überlieferten Material destilliert hat. "Nach der Terminologie Chrysipps ... gab es als Arten der Bindung ἕνωσις (bei
Einzeldingen), συναφή bei zusammengesetzten Dingen; endlich
διάστασις bei Kollektiva wie Heer, Chor o. dgl[60]." συναφή und
διάστασις konnten ihrerseits als Untergliederung von παράθεσις aufgefaßt werden, d.h. man gliederte die Körper in ἡνωμέ-
να und παρακείμενα, die παρακείμενα ihrerseits in die συνημμένα und διεστῶτα, wobei die συνημμένα als ἐκ παρακειμένων
συνεστῶτα erläutert werden[61]. Dazu muß man in Betracht ziehen, daß παράθεσις gleichzeitig die unterste Stufe der Darstellung von Einheit durch die verschiedenen Arten von Mischung ist: παράθεσις, μῖξις, κρᾶσις, σύγχυσις; in der σύγχυσις "ist die Vereinung so vollkommen, daß in dem neuen Körper
ganz neue Eigenschaften entstehen ... Durch σύγχυσις entstehen neue Körper mit neuen Eigenschaften; und es ist mit phy-

---

58 similis erscheint in entsprechendem Zusammenhang auch bei Tertullian,
   s.u.
59 s.o. n. 3.
60 Dörrie p. 39 n. 1.
61 ibid. p. 27.

sikalischen Mitteln nicht mehr möglich, sie in ihre Bestandteile zu zerlegen; daß heißt zugleich, daß die im neuen Körper vereinten Bestandteile gemeinsam zugrunde gehen, ohne daß
der eine von ihnen erhalten werden kann[62]."

In der Polemik um jeden Preis, die Kyrill von Alexandrien
gegen Nestorius und die antiochenische Christologie entfes-
selt, unterstellt er der Gegenseite, συνάπτω etc. im alten
stoischen Sinn zu verwenden. Sowohl die Terminologie wie die
Beispiele tauchen bei ihm auf; συνάφεια sei z.B. nichts weiter als ein Nebeneinander der beiden Naturen in Christus κατ'
ἐγγύτητα (d.h. in räumlicher Nähe) und κατὰ παράθεσιν[63]. Aber
es ist klar, daß συνάπτω seit Chrysipps Zeiten (3. Jhdt. v.
Chr.) einen beträchtlichen Bedeutungswandel durchgemacht haben mußte, wenn Euseb es trinitarisch mit ἑνόω einfach iden-
tifizieren konnte [63a] und wenn es bei den Neuplatonikern die
Einheit des entfalteten Seins kausal und religiös in beiden
Richtungen bezeichnen konnte. Dieser Bedeutungswandel ist für
Antiochener und Nestorianer als so selbstverständlich voraus-
zusetzen, wie für ihre Zeitgenossen und Vorgänger.

Der älteste christliche Theologe, bei dem συνάπτω ein Synonym für ἑνόω ist, scheint Tertullian zu sein. Also ist diese
Bedeutung der Wortfamilie nicht erst Ergebnis neuplatonischer
Umdeutung stoischer Begrifflichkeit, sondern kann schon vor
200 angesetzt werden. Tertullian hat zwei Vokabeln für συνάπτειν: coniungere und cohaerere; er verwendet sie sowohl für
die trinitarische wie für die christologische Einheit. Unsere

---

62 ibid. 26 f. - Von den Stufen der Mischungslehre spielt die μῖξις bei
    den christlichen Theologen immer wieder eine Rolle; denn sie "ist die
    Mischung, bei der die körperlich gedachten Qualitäten Körper durch-
    dringen; das Beispiel dafür ist erhitztes Eisen oder von Licht erfüll-
    te Luft. Chrysipp meinte damit den Vergleich gefunden zu haben, wie
    auch die Seele den Körper durchdringt ... Denn das Licht mischt sich
    mit der Luft, und doch wahrt jedes seine Eigenart - σώζοντα τὴν οἰκεί-
    αν φύσιν" (Dörrie p. 26). Eine Anwendung dieser Stufe der Mischungs-
    lehre in der Menschwerdungstheologie Gregors des Lehrers ist von mir
    beschrieben ZKG 89 (1978) p. 283.
63 Siehe die beiden Stellen in Lampes Lexikon p. 1309: Ctr. Nest. 2,5
    (ACO I 1,6 p. 41,38); 2,8 (p. 46,12). Alle Beispiele für συνάπτω aus
    dem Material bei Dörrie findet man in Kyrills Vorwürfen wieder. Sou-
    verän setzt sich mit ihnen auseinander der nestorianische Theologe
    Babai d. Gr., s. Orient. Chr. Per. 41 (1975) p. 329 ff.
63a s.o. n. 33.

Quelle dafür ist natürlich die Schrift Adversus Praxean[64].

Es handelt sich um folgende Passagen:

a) CC 2, c. 8,6[65] (CSEL 47 p. 239,1-4 Kroymann): nam et radix et frutex duae res sunt, sed coniunctae; et fons et flumen duae species sunt, sed indivisae[66]; et sol et radius duae formae sunt, sed cohaerentes.

b) c. 9,4 (CSEL p. 240,12-14): et permiscere se diversitas vocabulorum (sc. "pater" et "filius") non potest omnino, quia nec rerum quarum erunt vocabula.

c) c. 12,6 f. (CSEL p. 246,17-22): "deus erat sermo", habes duos, alium dicentem ut fiat, aliud facientem. alium autem quomodo accipere debeas iam professus sum, personae , non substantiae nomine, ad distinctionem, non ad divisionem.ceterum, ubique teneo unam substantiam in tribus cohaerentibus, tamen alium dicam oportet ...

d) c. 22,11: Joh. 10,30 "Ich und der Vater sind eins" sei mit Absicht neutrisch gesagt (unum, nicht unus)[67]; (CSEL p. 270, 8-13): quod non pertinet ad singularitatem sed ad unitatem, ad similitudinem[68], ad coniunctionem, ad dilectionem patris, qui filium diligit et ad obsequium filii qui voluntati patris obsequitur ... ostendit duos esse quos aequat et iungit[69].

e) c. 24,7 (CSEL p. 275,18 f.): igitur et manifestam fecit duarum personarum coniunctionem. c. 24,8 (CSEL Zeile 26 f.): ex hoc ipso apparente proprietate utriusque personae.

f) c. 25,1 (CSEL p. 276,10 f.): ita connexus patris in filio et filii in paracleto tres effecit cohaerentes.

g) c. 27,1 (CSEL p. 279,18-20): undique enim obducti distinc-

---

64 Ein riesiger Kommentar zu dieser Schrift ist J. Moingt, Théologie trinitaire de Tertullien. Histoire, doctrine, méthodes, Paris 1966 - 1969, vier Bände.

65 Ich gebe den Text nach CC 2 und verzichte wegen der praktischen Paragraphenzählung dieser Ausgabe auf deren Seiten- und Zeilenzahlen. Wegen der weiten Verbreitung gebe ich in Klammern die Fundstellen auch nach CSEL; die Differenzen im Wortlaut (das CC nimmt einen großen Teil der Konjekturen Kroymanns zurück)notiere ich nicht.

66 "Ungeteilt" zeigt die Veränderung von συνάπτω zu ἑνόω an.

67 Cf. unten Novatian.

68 Siehe oben den Zusammenhang von ὁμοιότης und συναφή bei den Neuplatonikern - auch dieser Zusammenhang ist also ihnen vorgegeben.

69 Das Nebeneinander von similitudo und aequare, beides in Nachbarschaft von (con)iunctio, gibt gut die Ambivalenz des griechischen ὅμοιος wieder.

tione patris et filii quam manente coniunctione disponimus
ut solis et radii et fontis et fluvii, ...

Die bisherigen Zitate betreffen die Trinität; christologische Aussagen in dieser Terminologie sind:

h) c. 27,8 f. (CSEL 281,8-15): si enim sermo ex transfigura-
tione[70] et demutatione substantiae caro factus est, una iam
erit substantia Iesus ex duabus, ex carne et spiritu, mixtura quaedam ut electrum ex auro et argento, et incipit nec au-
rum esse, id est spiritus, neque argentum, id est caro, dum
alterum altero mutatur et tertium quid efficitur. neque ergo
deus erit Iesus; sermo enim desiit esse qui caro factus est,
neque homo caro; caro enim non proprie est, quia sermo fuit.
§ 10 (CSEL Zeile 20-22): filium dei et filium hominis, cum
deum et hominem sine dubio secundum utramque substantiam in
sua proprietate distantem[71], quia neque sermo aliud quam deus
neque caro aliud quam homo.

i) c. 27,11 f. (CSEL p. 281,27 - 282,10): videmus duplicem
statum, non confusum sed coniunctum in una persona, deum et
hominem Iesum - de Christo autem differo[72] - et adeo salva

---

70 Aus dem unmittelbar Vorangehenden ergibt sich, daß Tertullian mit dem
"Fleisch werden" von Joh. 1,14 die gleichen Schwierigkeiten hat wie
die Antiochener und Nestorianer: "Werden" im strengen Sinn heißt sich
verwandeln. Während die Antiochener die unmittelbare Fortsetzung des
Textes, "und es wohnte unter uns", zur Interpretation heranziehen,
nimmt Tertullian das (auch bei den Antiochenern) beliebte Bild vom "Anziehen" zu Hilfe; der Logos darf nicht aufhören, Logos zu sein. c. 27,
6 f. (p. 280,24 - 281,8): igitur sermo in carne; tum et de hoc quae-
rendum quomodo sermo caro sit factus, utrumque quasi transfiguratus
in carne an indutus carnem. immo indutus. (Dieses Satzzeichen halte
ich gegen CC fest). ceterum deum immutabilem et informabilem credi ne-
cesse est, ut aeternum. transfiguratio autem interemptio est pristini:
omne enim,quodcumque transfiguratur in aliud, desinit esse quod fuerat,
et incipit esse quod non erat. deus autem neque desinit esse neque
aliud potest esse. sermo autem deus, et "sermo domini manet in aevum",
perseverando scilicet in sua forma. quae si non capit transfigurari,
consequens est ut sic caro factus intellegatur dum fit in carne et
manifestatur et videtur et contrectatur per carnem, quia et cetera sic
accipi exigunt.

71 "Distare" heißt zwar wie das gleichlautende διίστημι "auseinanderste-
hen", aber dabei ist ἕνωσις nun schlechterdings nicht mehr festzuhal-
ten, deswegen ist hier die abgeleitete Bedeutung "sich unterscheiden"
anzuwenden.

72 = "Die Bezeichnung 'Christus' behandle ich weiter unten", nämlich so-
gleich im 28. Kapitel, welches beginnt: nunc de "Christo". Das bedeute "gesalbt" und sei genausowenig ein Name wie "bekleidet" oder "be-

est utriusque proprietas substantiae, ut et spiritus res
suas egerit[73] in illo, id est virtutes et opera et signa, et
caro passiones sua functa sit, esuriens sub diabolo, sitiens
sub Samaritide, flens Lazarum, anxia usque ad mortem, denique
et mortua. quodsi tertium quid esset, ex utroque confusum[74]
ut electrum, non tam distincta documenta parerent utriusque
substantiae, sed et spiritus carnalia et caro spiritalia egis-
set ex translatione, aut neque carnalia neque spiritalia, sed
tertiae alicuius formae ex confusione.

k) c. 27,13 (CSEL p. 282,12-14): sed quia substantiae ambae
in statu suo quaeque distincte agebant, ideo illis et operae
et exitus sui occurrerunt.

Tertullian ist nicht nur der erste, der sowohl die Einheit
wie die Dreiheit in Gott mit termini technici bezeichnet, sondern auch der erste, der genau die gleichen termini, jedoch
in Umkehrung, für Einheit und Zweiheit in Christus verwendet
und außerdem für die Art der Einheit in Trinitätslehre und
Christologie ein und dasselbe Vokabular benutzt. Was er aber
nicht bietet, ist eine Reflexion über dieses Verfahren, mit
der er den Umschlag von trinitarischer in christologische Re-
deweise auf gleicher terminologischer Ebene rechtfertigen
würde. Das Scharnier des Umschlagens scheint der Begriff (oder
eher "Begriff"?) persona zu sein, aber persona hat unter den
Rücksichten trinitarischer und christologischer Einheit ja
nicht den gleichen Inhalt: trinitarisch ist sie der Substanz
nach eine, christologisch "besteht" sie aus zwei Substanzen[75].

---

schuht": itaque "Christus" accidens nomini res.
73 Über "das Eigene tun" s.o. p. 68 f.
74 Oben im Abschnitt h) wird electrum als mixtura bezeichnet.
75 Jene differenziertere Form der antiochenischen Christologie, die die
   normale antiochenische Formel "zwei Naturen - ein prosopon" erweitert
   zu "zwei Naturen - zwei Hypostasen - zwei prosopa - ein prosopon", hat
   den Vorzug, daß sie den Logos christologisch nicht anders definiert
   als trinitarisch: er ist Hypostase und prosopon; auch die menschliche
   Natur in Christus ist konkret und individuell, also Hypostase und prosopon. Notwendigerweise muß nun das eine christologische prosopon neu
   bestimmt werden, was Theodor von Mopsuestia in Contra Eunomium 18
   (Fragment) tut mit dem "prosopon der Ehre und Anbetung", also doxolo-
   gisch. Dieser Versuch ist ebenso systematisch zu würdigen wie diejeni-
   gen in De incarnatione VIII; die Absicht Theodors ist es, aus der Sache selber das ihr angemessene Vokabular zu entwickeln. Mir ist inzwischen sicher, daß die Christologie, die zwei prosopa im einen pro-

Die griechische Theologie wird sich im Gefolge der Auseinandersetzung mit den arianischen und photinianischen Christolo-
gien weit über zweihundert Jahre mit diesem Unstimmigkeits-
problem herumschlagen. Bei Tertullian ist der Logos trinitarisch persona, christologisch jedoch substantia (und heißt
dann spiritus oder deus) - persona ist christologisch Jesus[76].
Tatsächlich betrifft die begriffliche Symmetrie zwei verschiedene heilsgeschichtliche Phasen, und die sachliche Kontinuität ist durch den Logos gegeben, der unveränderlich derselbe
ist, ob vor oder nach der Inkarnation.

Auch wenn caro und spiritus als Substanzen Jesu (dieser Name im Sinne Tertullians verstanden) offensichtlich in Analo-
gie zu caro und anima als den Substanzen des Menschen bestimmt
worden sind[77], wobei christologisch caro für homo steht, so
ergibt sich doch für Tertullian die Notwendigkeit seiner christologischen Aussagen aus den christologischen corollaria der
monarchianischen "Trinitäts"lehre, also aus einem theologischen Grund. Vermutlich wird deswegen die Art der Einheit trinitarisch und christologisch mit dem gleichem Vokabular beschrieben: es drückt sich darin der systematische Zusammenhang von Trinitätslehre und Christologie aus. Dieselben Leute,
die die Identität von Vater und Sohn behaupten, verteilen doch
die Namen Jesus und Christus auf den Sohn (= Mensch) und den
Vater (= Geist)[78]. Damit läßt sich der Spieß des Vorwurfs um-
kehren: wer ist jetzt des Valentinianismus verdächtig? Tertullian, der den Sohn aus dem Vater hervorgehen läßt[79], oder die

---

sopon Christi vereint sieht, also Nestorius und Ps. Nestorius im Liber
Heraclidis (und spätere Nestorianer), sich auf Theodors De incarnatione stützt. Umso beklagenswerter ist es, daß wir von diesem Buch nur
noch Fragmente haben. - Wenn übrigens Theodor in De incarn. VIII "die
zwei sollen ein Fleisch sein" als Vergleich für die christologische
Einheit heranzieht, so ist genau darauf zu achten, was das tertium quid
ist: daß auch in biblischer Sprache zwei = eins sein kann; man vergleiche die Glosse des Diakons Rusticus zu Leo (s.o. n. 26) mit ihrer Be-
friedigung darüber, ein Beispiel für die Möglichkeit von zwei in einem gefunden zu haben. Was an den Beispielen auf die Christologie nicht
anwendbar ist, ist auch nicht gemeint.

76 s.o. deum et hominem Iesum.
77 c. 16,4 (CSEL p. 257,8): ipsas substantias hominis, carnem et animum.
78 c. 27,1 (CSEL p. 279,22 - 280,2): ut aeque in una persona utrumque dis-
   tinguant, patrem et filium, dicentes filium carnem esse, id est hominem, id est Iesum, patrem autem spiritum, id est deum, id est Christum.
79 c.8.

Monarchianer, die die Christusnamen (zwar nicht auf verschiedene Äonen, aber doch) auf zwei Personen - in der Terminologie Tertullians - verteilen?

Die Identität des Vereinigungsvokabulars verrät ferner, daß
Tertullian das Problem formal als identisch betrachtet: es
ist das Problem von Einheit und Vielheit, ganz gleich ob es
sich um eins = drei oder um eins = zwei handelt. Für diese
Art von Einheit konnte also zur Zeit Tertullians συνάπτω verwendet werden. Schon vom Anwendungsgegenstand her ist klar,
daß es sich nicht mehr um die Einheit eines bloßen Kollekti-
vums wie im klassischen stoischen Schema handeln konnte, siehe oben a): duae ... sed indivisae - "ungeteilt". Der Begriff
mußte zu dieser Zeit das Element des Ungeteilten bereits in
sich enthalten haben, sonst hätte Tertullian dem Gegner nur
neue Munition geliefert und auch die gegnerische Christologie
nicht im Sinne größerer Einheit korrigieren können. Man wüßte
nun gern, wer vor Tertullian dies Vokabular nicht bloß auf
Geistiges, sondern womöglich auch auf Göttliches angewendet
hat (auch wenn Geist für den Stoiker und daher für Tertullian
"Körper" ist). Den größten Gewinn für das Verständnis von
συνάπτειν in trinitarischem und christologischem Gebrauch
bringt das Zitat i), wo die confusio abgelehnt wird und coniunctio gelehrt wird[80]. D.h. daß συνάφεια als ἀσύγχυτος ἕνωσις
verstanden wird[81]. Eben dies ist der Sprachgebrauch der antio-

---

[80] In den trinitarischen Passagen über coniunctio wird zwar confusio nicht
eigens abgelehnt, aber es ist dieselbe Sache gemeint, cf. das Zitat e):
"Die Eigentümlichkeit jeder Natur wird deutlich".

[81] Grillmeier hat daher Recht, wenn er l.c. p. 256 sagt, "daß die coniunctio nicht im Sinne einer iuxtappositio zu erklären ist", er ist aber
zu korrigieren, wenn er fortfährt: "sondern im Sinne dieser κρᾶσις δι'
ὅλων, der Durchdringung unversehrter Substanzen". Im Gegensatz zu seiner Anmerkung 79 auf derselben Seite bin ich der Meinung, daß Tertullian sich in Adv. Praxean mit Absicht auf coniunctio für unio inconfusa beschränkt, im Unterschied zum Apologeticum, wo Christus homo deo
mixtus ist (s. Grillmeier p. 244 mit n. 46). Höchst aufschlußreich
sind die beiden Stellen De anima XXVII 2 coniunctio corporis animaeque
und LII 3 der Mensch als concretio (= κρᾶσις) sororum substantiarum
(Grillmeier p. 256 und 255); an der letzteren Stelle ist übrigens zu ergänzen, daß die gleiche Sache im gleichen Satz als animae et carnis
societas bezeichnet wird. Die Austauschbarkeit von coniunctio und concretio wird weiter unten ihre Beleuchtung erfahren. In ihrem Lichte
wiederum wären diese Tertullianstellen für die Vorgeschichte der porphyrianischen Einheit von Leib und Seele (κρᾶσις als ἀσύγχυτος ἕνωσις)

chenischen und nestorianischen Christologie. Tertullian dient uns als Zeuge für das hohe Alter der Gleichung[82], die demnach keine antiochenische Erfindung ist.

Für die Verwendung der Gleichung in der Trinitätslehre ist Basilius von Caesarea mit De spiritu sancto ein Beispiel[83]. V 7 (SC 172, p. 272,8 ff. Pruche): angesichts der gegnerischen Auslegung von 1. Kor. 8,6 sagt Basilius, dies sei nicht die Sprache eines νομοθετῶν, ἀλλὰ διευκρινουμένου τὰς ὑποστάσεις. Der Apostel rede so, nicht damit er τὸ ἀλλότριον τῆς φύσεως einführe, ἀλλ' ἵνα ἀσυγχύτου πατρὸς καὶ υἱοῦ τὴν ἔννοιαν παραστήσῃ. VI 14 (p. 283): Basilius diskutiert die gegnerische Meinung, daß der Sohn "nach" dem Vater sein soll. Wie ist das gemeint - hinsichtlich von Zeit oder Rangordnung oder Würde? Was die Zeit betrifft, ist niemand so unverständig, dem Schöpfer der Äonen einen zweiten Platz zuzuweisen, οὐδενὸς διαστήματος μεσιτεύοντος τῇ φυσικῇ πρὸς τὸν πατέρα τοῦ υἱοῦ συναφείᾳ[84]. X 24 (p. 332 f.): Basilius führt den Taufbefehl an gegen die niedrigere Stellung des Heiligen Geistes bei den Gegnern. Wenn die Zusammenordnung von Vater, Sohn und Geist

heranzuziehen, wo des Porphyrius eigener Hinweis ja nur bis Ammonius führt.

82 Wo von Augustin bis Boethius coniuncte etc. gebraucht wird, ist das immer im Sinne dieser Gleichung zu verstehen.

83 Für συνάφεια s. den Index Pruche p. 550; ἀσύγχυτος etc. ist leider nicht im Index berücksichtigt.

84 Die nächste Parallele zum Vokabular dieser Zeile ist Artikel IX der Formula makrostichos der antiochenischen Synode von 344. Bei Athanasius, De synodis 26 (ed. Opitz p. 253 f.): ἀλλ' οὐδὲ τὸν υἱὸν καθ' ἑαυτὸν εἶναι ζῆν τε καὶ ὑπάρχειν ὁμοίως τῷ πατρὶ λέγοντες διὰ τοῦτο χωρίζομεν αὐτὸν τοῦ πατρὸς τόπους καὶ διαστήματά τινα μεταξὺ τῆς συναφείας αὐτῶν σωματικῶς ἐπινοοῦντες. πεπιστεύκαμεν γὰρ ἀμεσιτεύτως αὐτοὺς καὶ ἀδιαστάτως ἀλλήλοις ἐπισυνῆφθαι καὶ ἀχωρίστους ὑπάρχειν ἑαυτῶν ... ἀλλ' ἐν ὁμολογοῦμεν τῆς θεότητος ἀξίωμα καὶ μίαν ἀκριβῆ τῆς βασιλείας τὴν συμφωνίαν ... Die nächste Zeile spricht von der Unterordnung des Sohnes unter den Vater. - Dieser Text ist in doppelter Hinsicht wichtig. Einerseits belegt er aufs neue die kirchenpolitische und theologische Herkunft des Basilius. Seine eigene Weiterentwicklung ermißt man am Zusatz φυσική zu συνάφεια, der nicht nötig wäre, wenn er sich nicht der Vorgeschichte seiner Aussage bewußt gewesen wäre. Andererseits ist er ein bemerkenswertes Zeugnis für das Empfinden der origenistischen Mittelpartei, daß auch die Einheit der Trinität ausgesagt werden müsse. (Wie man unten sehen wird, spricht der Logostheologe Novatian gerade nicht von trinitarischer coniunctio). Artikel IX von 344 sollte daher seinen Platz in der Vorgeschichte des Neunicänismus erhalten.

im Taufbefehl nicht eine κοινωνία und συνάφεια[85] anzeige, was
dann? Wissen sie einen anderen, geeigneteren συναφείας τόπος?
Bis zum Ende von § 24 schwankt der Gebrauch von συνάπτω zwischen "Zusammenfügen von Wörtern in einem Satz" (eine ganz
übliche Verwendung) und der Einheit der so ausgesagte Personen der Trinität. XVI 37 (p. 374 f.) bietet den für unsere
Argumentation erwünschten Fall, daß συνάπτω als Bestandteil
der Terminologie der ἀσύγχυτος ἔνωσις sich darstellt: aus den
vorher angeführten Bibelstellen könne man lernen τὸ συναφὲς
καὶ ἀδιαίρετον des Geistes hinsichtlich aller Wirksamkeit mit
und von Vater und Sohn; der § 37 hatte mit der Feststellung
begonnen, daß der Geist in allen Dingen ἀχώριστον und ἀδιάστα-
τον von Vater und Sohn ist. XVIII 45 (p. 406 f.): Der Vater
wird als einer ausgesagt, ebenso der Sohn; "einer" ist auch
der heilige Geist, μοναδικῶς[86] wird er ausgesagt, δι᾽ ἑνὸς
υἱοῦ τῷ ἑνὶ πατρὶ συναπτόμενον. § 47 (p. 414): ὁ συγχέων (sc.
die drei Hypostasen) ist nicht weniger gottlos als derjenige,
der sie "subnumerierend" einander subordiniert[87]. XXV 59 (p.
460,36 ff): Basilius wendet die johanneischen Stellen, die
den "Sabellianern" (d.h. den Anhängern Marcells von Ankyra)
als Belege für die Lehre von der Ein-Hypostasen-Trinität die-
nen, gegen die "Sabellianer"; es werde darin dargelegt τὸ
τῶν ὑποστάσεων ἴδιον und gleichzeitig ein Zeugnis gegeben τῆς
ἀιδίου κοινωνίας καὶ ἀπαύστου συναφείας. Wer sage, der Sohn
sei "mit" dem Vater, zeigt zugleich τὴν ... τῶν ὑποστάσεων
ἰδιότητα, καὶ τὸ ἀχώριστον τῆς κοινωνίας. XXVI 63 (p. 472):
Basilius bemüht sich zu zeigen, daß das "Mit-Sein" des Geistes mit Vater und Sohn mehr sei, als das "In-Sein" des Geistes in den Geschöpfen, wo seine Gnade kommen und gehen (προσ-

---

85 cf. XXVII 68 p. 488,12 f. - Zu X 24 merkt Pruche an (p. 333 n. 4), daß
   Athanasius συνάφεια in De sententia Dionysii 17 benutze; jedoch ist es
   nicht Athanasius, der da spricht, sondern Dionys von Alexandrien, es
   handelt sich um die συνάφεια von Vater und Sohn, die Dionys bereits im
   Namen "Vater" ausgedrückt findet.
86 Für Basilius ist jede trinitarische Person eine μονάς! Leider hat Pruche diese Vokabel nicht in den Index aufgenommen.
87 cf. XXX 77 p. 524,45 ff.: Die einen werden zum Judentum gebracht durch
   die σύγχυσις τῶν προσώπων, die anderen zum Heidentum durch ἐναντιότης
   τῶν φύσεων. Weder Schrift noch apostolische Tradition (in diesem Fall
   die Liturgie) vermag zwischen ihnen zu vermitteln, in jedem Fall wird
   Feindschaft gesucht.

γίνεσθαι und ἀπογίνεσθαι) kann. ἡ δὲ προαιώνιος ὕπαρξις, καὶ ἄπαυστος διαμονὴ μεθ' υἱοῦ καὶ πατρὸς θεωρουμένη, τὰς τῆς ἀϊδίου συναφείας προσηγορίας ἐπιζητεῖ. Das συνυπάρχειν wird von denen gesagt, die ἀχωρίστως zusammen sind. "Mit" ist Ausdruck der ἀχώριστος κοινωνία.

Die Sprache der ἀσύγχυτος ἕνωσις angewendet auf die Trinität findet man auch bei Gregor von Nazianz in der 5. theologischen Rede (or. 31). c. 9: Das Nicht-Gezeugtsein, das Gezeugtsein, das Hervorgehen wird vom Vater, vom Sohn, vom Geist respective ausgesagt ἵνα τὸ ἀσύγχυτον σώζηται τῶν τριῶν ὑποστάσεων ἐν τῇ μιᾷ φύσει τε καὶ ἀξίᾳ[88] τῆς θεότητος ... ἐν τὰ τρία τῇ θεότητι, καὶ τὸ ἓν τρία ταῖς ἰδιότησιν, damit weder das Eine sabellianisch sei, noch die Drei von der jetzigen schlechten διαίρεσις[89]. c. 29: ἔδει γὰρ τὰς ἰδιότητας μεῖναι πατρὶ καὶ υἱῷ, ἵνα μὴ σύγχυσις ᾖ παρὰ τῇ θεότητι, welche auch (alles) andere zu Ordnung und Erhaltung führen wird. Die Synonymität von συνάπτω und ἑνόω ist auch Gregor geläufig[90],

---

88 Der doxologische Aspekt der Einheit der Trinität bei Basilius und der doxologische Aspekt der Einheit der Person Christi bei Nestorius deutet eine weitere Verbindung zwischen Nestorius und der kappadocischen Theologie an. S. auch oben n. 75; u. n. 90.

89 nämlich der Eunomianer.

90 Für die Terminologie früherer Reden Gregors s. E. Bellini, Il dogma trinitario nei primi discorsi di Gregorio Nazianzeno. Augustinianum 13 (1973) p. 525 - 534. Bellini untersucht die ersten 19 Reden. Diese enthalten einige trinitarische Doxologien (or. 9 - 13), die die drei Hypostasen unterscheiden und auf der Gleichheit der Würde insistieren. Eine Zusammenfassung der Trinitätslehre findet man in or. 2, 37-38, die sich sowohl gegen Arianer wie "Sabellianer", d.h. Marcell von Ankyra richtet, wobei der letztere für Gregor zu dieser Zeit noch die größere Gefahr darstellt; abzulehnen ist das συναιρεῖν in einer Hypostase wie das διαιρεῖν in drei Hypostasen. or. 6,22: Den trinitarischen Glauben bewahren heißt, Vater, Sohn und Geist anbeten, im Sohn den Vater erkennen und im Geist den Sohn, πρὶν συνάψαι διαιροῦντες καὶ πρὶν διαιρεῖν συνάπτοντες, οὔτε (einerseits nicht) τὰ τρία ὡς ἕνα (als Einen) ... καὶ (andererseits aber) τὰ τρία ἕν (Eins), Eins nicht in der Hypostase, sondern in der Gottheit. Es handle sich sowohl um Trias wie Monas, die Herrlichkeit ist die gleiche. - Dieser Text Gregors liefert ein Beispiel für die Synonymität von συνάπτω und ἑνόω. Ferner lehrt die Passage, daß die Bedeutung von διαιρέω aus dem jeweiligen Kontext zu erheben ist und aus der polemischen Frontstellung; je nachdem ist "trennen" oder "unterscheiden" zu übersetzen. Wenn gegenüber der Ein-Hypostasen-Lehre Marcells die Dreiheit der Hypostasen festgehalten werden soll, dann kann es sich nur um das Unterscheiden der drei handeln. Gregor ist sich der möglichen Mißdeutung bewußt, daher qualifiziert er oben im Zitat aus or. 31 c. 9 διαίρεσις durch πονηρά, und im folgenden Zitat aus c. 18 wählt er ei eindeutiges Verb: διέστηκε.

c. 18: τρία μὲν ὀνομάζω τὰ τοσαῦτα τῷ ἀριθμῷ, κἂν διέστηκε
τὴν φύσιν[91] ἓν δέ, καὶ ἕν, καὶ ἕν, ἄλλως (anders als) τὰς
τοσαύτας μονάδας, κἂν τῇ οὐσίᾳ συνάπτωνται.

Heranzuziehen ist hier noch die Schrift De fide ad Gratia-
num des Ambrosius, weil Ambrosius wie Tertullian die ἀσύγχυτος ἕνωσις sowohl in der Trinitätslehre wie in der Christologie verwendet[92], eine Spur der Gleichung συνάπτω - ἑνόω zeigt
sich ebenfalls bei ihm, CSEL 78, I 9,61 Faller: iungat igitur
honorificentia patri filium, quem divinitas iunxit, non sepa-
ret impietas, quem generationis proprietas copulavit. Ambrosius will das Nicänum auslegen und tut dies auf der Basis der
neunicänischen Theologie. Doch läßt er sich auf die griechische Differenzierung von οὐσία und ὑπόστασις überhaupt nicht
ein, ohne Zweifel, weil das auf die lateinische Nomenklatur
übertragen verwirrend gewesen wäre. Er stellt jedoch klar,
daß er substantia nur im Sinne von οὐσία benutzt, I 19,128:
quia nos in deo aut usian graece aut latine substantiam dicimus. Erstaunlich ist seine äußerste Zurückhaltung im Gebrauch von persona; für die Trinität habe ich eine Stelle no-
tiert, III 15,126: recte ergo homousion patri filium dicimus,
quia verbo eo et personarum distinctio et naturae unitas sig-
nificatur. Wenn ich nichts übersehen habe, gibt es in De fide
keinen christologischen Gebrauch von persona[93], wohl aber den
exegetischen (ex persona alicuius dicitur) und den allerdings
in christologischem Zusammenhang, wie Ambrosius überhaupt die
divisio vocum betreibt, mit der man antiarianisch die Niedrig-
keitsaussagen auf die menschliche Natur Christi bezog. Nachdem er seitenweise Niedrigkeits- und Hoheitsaussagen auf Christi Fleisch etc. und Gottheit verteilt hat, sagt Ambrosius,

---

91 Gregor gibt das als generelles Beispiel, meint aber die eunomianische
   Unterscheidung der Naturen in der Trinität.
92 Das Gleiche tut das sog. Athanasianum "Quicumque vult salvus esse",
   abgedruckt CSEL 78 p. 58⁺f.   in den Stichen 4 (neque confundentes personam neque substantiam separantes) und 34 (unus omnino, non confusione substantiae, sed unitate personae). Anders jedoch als Ambrosius in
   De fide übt der Verfasser keinerlei Zurückhaltung hinsichtlich des Be-
   griffs persona, Stichus 5: alia est enim persona patris, alia filii,
   alia spiritus sancti. - Ich habe in den Zitaten die Schreibweise nor-
   malisiert: atque statt adque, filii statt fili.
93 Für christologische Äußerungen des Ambrosius in seinen anderen Schriften s. Grillmeier l.c. p. 593 f.

V 8,115: pia mens, quae leguntur, secundum carnem divinita-
temque distinguit, sacrilega (sc. mens) confundit et ad divinitatis detorquet iniuriam. Für das exegetische ἐκ προσώπου
V 10,124: se quoque nunc ex persona hominis, nunc in dei maiestate significat, nunc unitatem sibi divinitatis cum deo patre vindicans, nunc fragilitatem humanae carnis adsumens. -
Es wäre denkbar, daß Ambrosius sich erstens der systematischen
Schwierigkeit bewußt gewesen ist, die im sowohl trinitarischen
wie christologischen Gebrauch von persona verborgen ist, und
daß er zweitens seinen kaiserlichen Adressaten mit weiteren
Differenzierungen verschonen wollte. Dies Letztere gilt wahrscheinlich auch für den Verzicht auf die Problematik von οὐσία
und ὑπόστασις[94]. Dementsprechend bekämpft er auch nicht die
markellianische eine Hypostase, wie Basilius das tut, sondern
die monarchianische Identifikation von Vater und Sohn (er bezeichnet sie als sabellianisch). Andererseits richtet er sich
gegen eine Lehre von drei Göttern[95] und gegen die eunomianische dissimilitudo. Das hat zur Folge, daß er für den Sohn
eher (aber nicht immer) die proprietas der göttlichen Natur
oder substantia als die der persona (die sie von den beiden
anderen Personen unterscheidet) betont. Dies ist im Folgenden
zu beachten.

  I 1,9 Vater und Sohn sind eins non confusione, sed unitate
naturae. I 2,16 (cf. I 14,94) non enim pater ipse qui filius,
sed inter patrem et filium generationis expressa distinctio,
... ex manente manens. I 2,17 nec confusum, quod unum, nec
multiplex, quod indifferens (= ἀδιαίρετος?). I 3,22 dissol-
vant, si possunt, hanc naturae proprietatem et operis unitatem. I 3,27 (Jes. 45,14) 'in te' igitur 'est deus' per unitatem naturae, 'et non est deus praeter te' per proprietatem
substantiae, repulsam differentiae - hier wehrt Ambrosius auf
neunicänischer Grundlage den Vorwurf ab, der schon gegen die
subordinatianische Logostheologie von ihren Gegnern unter Berufung auf diese alttestamentliche Grundstelle im Namen des

---

94 Obwohl er nicht grundsätzlich auf griechische termini verzichtet.
95 Allen neunicänischen Äußerungen zu diesem Punkt wohnt natürlich ein
   Element des Apologetischen inne, cf. die Wiederholungen des Symbolum
   Quicumque zu diesem Thema.

Monotheismus erhoben wurde. - I 8,57:quod autem 'erat apud
deum', non permixtione confunditur[96], sed manentis verbi apud
patrem solida perfectione distinguitur, ut Sabellius obmutes-
cat. Ibid. : inseparabilis unitas der Gottheit in Vater und
Sohn. I 10,63: quod enim manet, nec substantia nec aeterni-
tate deficitur - vergleiche Tomus Leonis, ACO II 2 p. 27,14-
17, wo es in christologischer Aussage heißt: proinde qui manens in forma dei fecit hominem, in forma servi factus est
homo; tenet enim sine defectu proprietatem suam utraque natura et sicut formam servi dei forma non adimit, ita formam
dei servi forma non minuit. - I 11,68 in Bezug auf zwei Ausdrücke aus Ps. 80,10: aliud eorum aeternitatem, aliud proprietatem substantiae indifferentis significat. - I 14,91: für
Christus ist Gott pater ... proprietate naturae. Die folgende Passage ist eine Aussage über die göttliche Natur nicht im
Hinblick auf die trinitarischen Personen, sondern im Unterschied zur Welt, zur Schöpfung, I 16,106: deus naturae sim-
plicis est, non coniunctae atque compositae ... nusquam ipse
confusus, penetrans omnia, nusquam ipse penetrandus. I 17,110:
sin vero generationis ipsius proprietatem requirimus, 'ex deo
exivit'. ... angustis (knapp, kurz) licet sermonibus proprietatem divinae generationis[97] advertimus, ut non ex loco ali-
quo videatur exisse, sed ut 'deus ex deo'. I 17,112: ita unitas servatur, quia et virtus dei in divinitatis proprietate
est et libertas non in aliqua differentia, sed in unitate est
voluntatis. I 17,117: ergo si verus deus ... habens ... nihil
confusum atque dissimile. II prol.2: sunt enim evidentia in-
dicia, quae proprietatem deitatis (sc. filii) ostendant, sunt
quae similitudinem[98] patris et filii, sunt etiam quae perspi-
cuam divinae maiestatis exprimant unitatem. proprietatis itaque sunt generatio, deus, filius, verbum; similitudinis splen-

---

96 cf. Leo I ep. 35, PL 54 col. 807 A: non diversitate divisus, non permixtione confusus.
97 Divina generatio sonst noch: I 14,94; II 15,129; IV 8,81.82.85.87.90;
   IV 9,103.106.115; V 8,103.
98 Ähnlichkeit als Voraussetzung innertrinitarischer Einheit s.o. Tertullian (und die neuplatonischen Parallelen); hier ist interessant (s.
   wenige Zeilen weiter), wie das origenistische Abbildvokabular tradi-
   tionell als Ausdruck der Ähnlichkeit verstanden wird.

dor, character, speculum, imago; <u>unitatis aeternae</u> sapientia,
virtus, veritas, vita. II 3,33: nec iuxta Sabellianos patrem
filiumque <u>confundens</u> nec iuxta Arrianos patrem filiumque <u>se-</u>
<u>cernens</u>. pater enim et filius <u>distinctionem</u> habent ut pater
et filius, <u>separationem</u> divinitatis <u>non</u> habent.

In der Mitte des Werkes finden sich einige christologische
Aussagen in dieser Nomenklatur. In Chalcedon ist zitiert worden II 7,58 vollständig[99], ich bringe hier nur reichlich die
zweite Hälfte: Iesus Christus, 'dominus maiestatis' dicitur
'crucifixus'. quia <u>consors</u> utriusque naturae, id est humanae
atque divinae, in naturae hominis subiit passionem, ut <u>indis-</u>
<u>crete</u>[100] et 'dominus maiestatis' dicitur esse, qui passus est,
et filius hominis, sicut scriptum est, qui descendit de caelo. Die nächste Stelle ist noch berühmter, denn sie ist mit
ihrem Kontext nicht nur in Chalcedon, sondern schon in Ephe-
sus 431 zitiert worden, II 9,77[101]: servemus <u>distinctionem</u>[102]
divinitatis et carnis. unus in utraque loquitur dei filius,
quia in eodem utraque natura est; etsi idem loquitur, non uno
semper loquitur modo. Zu Ps. 88,20 fordert Ambrosius auf, III
4,28: ergo et hic <u>distingue</u> naturas[103]. Zu puer und filius
von Jes. 9,6(5) sagt Ambrosius, III,8,54: aliud munus e ter-
ris, aliud munus e caelo, et utrumque unus in utroque perfec-
tus et sine mutabilitate (cf. ἀτρέπτως im Chalcedonense) divinitatis et <u>sine humanae inminutione naturae</u> – Ambrosius läßt
also keinen defectus der menschlichen Natur zu. Schließlich
aus dem christologischen Abschnitt III 10,65 das Folgende:

---

99 s. Fallers App. zur Stelle; im Florileg Nr. 6 (nicht 7).
100 Die griechischen Akten übersetzen mit: ἀδιαιρέτως ACO II 1 p.22,14.
101 s. Fallers App. zur Stelle.
102 distinctio war der kyrillischen Fraktion so verdächtig, daß man mit
    ἀνάγνωσις (Lesung, Rede) übersetzte. Fallers Apparat notiert aus den
    Aktensammlungen für distinctionem:
    τὴν ἀνάγνωσιν Ephesus ACO I 1,2 p. 42,29
    τὴν διαφοράν ibid. I 1,7 p. 92,24
    – die erste Version steht in der Collectio Vaticana, die andere in
    der Collectio Atheniensis. In den lateinischen Übersetzungen der Akten
    findet man in den entsprechenden Retroversionen:
    locutionem Ephesus I 5,1 p. 93,5
    differentiam Chalcedon II 3 p. 558,27.
103 cf. Nestorius.

itaque cum geminam[104] ... in Christo substantiam proposuis-
set, ut utramque intellegas, et divinitatis et carnis, hoc
loco coepit a carne. In der Schrift finde man beide Gewohn-
heiten: Einsatz bei der Gottheit Christi oder bei der Demut
der Inkarnation, wie häufig bei Propheten, Evangelisten und
Paulus. Hier nun (bei Joh. 1,30) ab incarnatione domini coepit de eius divinitate dicturus, non ut confunderet humana
atque divina, sed ut distingueret.

Aus den trinitarischen Sätzen des vierten Buches notiere
ich noch diese, IV 8,88: cum patre enim semper et in patre
est filius, cum patre per distinctionem indissociabilem[105]
trinitatis aeternae, in patre per divinae unitatem naturae.
IV 8,91: est quaedam indistincta distinctae inconprehensibi-
lis et inennarrabilis substantia trinitatis. distinctionem
etenim accepimus patris et filii et spiritus sancti, non con-
fusionem, distinctionem, non separationem, distinctionem, non
pluralitatem ... distinctionem scimus, secreta nescimus, cau-
sas non discutimus, sacramenta servamus.

                              IV

Theoretisch betrachtet, hätten ja alle Begriffe unterhalb
von σύγχυσις als ἀσύγχυτος ἕνωσις verstanden werden können,
also nicht nur συναφή, συνάφεια (seitdem sie als ἕνωσις verstanden werden konnten), sondern auch μῖξις und κρᾶσις. Eine
solche Annahme würde erklären, warum man Mischungsausdrücke
auch bei Autoren findet, in deren Christologie man das nicht
erwarten würde[106]. Dem alten Schema nach waren es ja gerade
mixis und krasis, deren Bestandteile "ihre Eigentümlichkeiten
bewahrten", wogegen συνάφεια nicht im eigentlichen Sinne "Mischung" war, und die Untrennbarkeit, Ununterscheidbarkeit zur
σύγχυσις gehörte. Tatsächlich handelt es sich nicht um eine

---

104 Dazu führt Faller im Apparat die bekannte Stelle an: Hymnus 4,3 ge-
    minae gigans substantiae.
105 cf. hierzu und zu der nächsten Passage die dialektischen Begriffe
    des Proklus.
106 Man denke an die übliche Verlegenheit gegenüber Tertullian, Gregor
    von Nazianz, Augustin, Leo.

bloße Theorie meinerseits, sonst könnte Philoxenus von Mab-
bug nicht einerseits von κρᾶσις reden und andererseits auf
dem ἀσυγχύτως insistieren[107]. Doch war umstritten, wieviele
und welche der Stufen unterhalb von σύγχυσις als ἀσύγχυτος
ἕνωσις gelten konnte.

Dies wird deutlich in den Vorwürfen, die Theodoret dem Kyrill wegen der Christologie seiner Anathemata macht. Die christologische Einheit der Hypostase nach sei eine κρᾶσις, und
die ziehe notwendigerweise σύγχυσις nach sich[108]. Die σύγχυσις aber hebt die Eigentümlichkeit jeder Natur auf, τὰ γὰρ
κεραννύμενα οὐ μένει ἃ πρότερον ἦν (ACO I 1,6 p. 114,13-16)[109].
In der κρᾶσις "bleibt" Gott nicht Gott etc. (p. 114,20 ff.).
D.h. daß Theodoret der κρᾶσις nicht der für die ἀσύγχυτος ἕνωσις entscheidende Eigenschaft der "Bewahrung der Eigentümlichkeiten" der beteiligten Bestandteile zuerkennt; wie man an
Tertullian sieht, kann er (und die übrigen Antiochener) nicht
der einzige gewesen sein, der dieses Verständnis von κρᾶσις
hatte und für den sich die ἀσύγχυτος ἕνωσις auf die συνάφεια
beschränkte. Theodoret ist der Meinung: "Überflüssig ist also die ἕνωσις der Hypostase nach, welche er uns statt der
κρᾶσις, wie ich meine, vorlegt; es genügt aber, die ἕνωσις
auszusagen, welche sowohl die Eigentümlichkeiten der Naturen
anzeigt wie auch den einen Christus anzubeten lehrt" (p. 115,
1-3). Für Theodoret bedeutet eine christologische Hypostase
also κρᾶσις, deswegen lehnt er sie ab. In Chalcedon akzeptier-
te er zwar die eine Hypostase[110], aber in der Einleitung, die

---

107 s. ZKG 89 (1978) p. 283 bei n. 42.
108 Gegenüber Andreas von Samosata hat Kyrill nur den Vorwurf der σύγχυσις
abzuwehren, er beteuert das ἀσυγχύτως. Er zitiert eine Nestoriusstel-
le, wo dieser sagt, Arius, Eunomius hätten das θεοτόκος eingeführt,
ὡς κράσεως γενομένης καὶ τῶν φύσεων μὴ διαιρουμένων, ACO I 1,7 p. 42,
27 (= Nestoriana ed. Loofs p. 273,8 f. aus sermo 10). Nestorius beurteilt κρᾶσις also wie Theodoret als σύγχυσις. - Die von Kyrill in seinen Apologien zitierten Texte des Andreas und Theodorets sind vorzügliche Beispiele für συνάφεια = ἀσύγχυτος ἕνωσις.
109 Die Scholie des Arethas zu dieser Stelle (s. den App. bei Schwartz),
ruft aus: "Was aber Theodoret? hast du nicht das Wort des Theologen
gehört: ὦ τῆς καινῆς μίξεως, ὦ τῆς παραδόξου κράσεως? schämst du dich
nicht, dagegen zu schwatzen?" Zitiert ist Gregor von Nazianz or. 38,
13, wo übrigens Gregor die vernünftige Seele zwischen Gottheit und
Fleisch vermitteln läßt.
110 In seinem Verständnis, s. Theologie und Philosophie 54 (1979) p.47
ff.

der eigentlichen christologischen Definition vorausgeht (und
auf das Constantinopolitanum folgt), wird gesagt, daß es nicht
statthaft sei, κρᾶσις oder σύγχυσις der beiden Naturen in Christus zu lehren (ACO II 1 p. 325,28), so daß seinem Anliegen
Rechnung getragen ist. - Kyrill seinerseits wehrt sich in seiner Verteidigungsschrift gegen den Vorwurf, er lehre eine
κρᾶσις oder einen φυρμός (= Verwirrung, Durcheinander) (diese letztere Vokabel ACO I 1,6 p. 123,10; auch in der Auseinandersetzung mit Andreas lehnt er eine solche Auffassung ab);
die Interpretation Theodorets sei eine Unterstellung. - Theodoret wiederum hat Anlaß, die kyrillischen Angriffe auf die
Vokabel συνάφεια abzuwehren (anathema 3); wenn Kyrill der
συνάφεια die σύνοδος der zwei Hypostasen[111] entgegensetze, so
sei das gar nichts anderes als die συνάφεια, was jedoch in
höchstem Grade anfechtbar sei, sei die ἕνωσις φυσική, denn
das Adjektiv bringe ein Element des Unbewußten, biologisch
Zwangshaften hinein, welches vom Logos niemals gesagt werden
dürfe[112] (p. 116,15 ff.).

Am besten läßt sich jene Form der ἀσύγχυτος ἕνωσις, die
σύναφεια, μῖξις, κρᾶσις einschließt, bei Novatian beobachten.
Aber auch Augustin ist bemerkenswerter Weise ihr Vertreter[113]
Bei Novatian[114] nun ist dieses Vokabular verbunden mit dem
der assumptio, susceptio (das im Westen ja ganz geläufig

---

111 Kyrill redet nicht nur in den Anathemata, sondern auch in den beiden
    Apologien für diese Verdammungssätze von zwei Hypostasen, die in Chri-
    stus zusammenkommen.
112 s.o. n. 52.
113 Für Augustin ist misceri und cohaerere austauschbar (wie coniunctio
    und concretio für Tertullian in De anima, s.o. n. 81), cf. ep. 137,
    11 und De civitate X 29,34 f.; abgedruckt bei Fortin 1959 (s.o. n. 1)
    p. 114 f. und p. 120 n. 3. Fortin macht darauf aufmerksam (p. 120 f.),
    daß an der zweiten Stelle die Vorstellungen des Briefes 137 "oft in
    denselben Begriffen aufgenommen" seien. Es handelt sich um das Argu-
    ment, daß die "Mischung" (bzw. "Verbindung") von zwei Unkörperlichen
    leichter zu glauben sei, als die von Leib und Seele, wobei ihm die
    christologische Einheit eine solche des Logos mit der Seele Christi
    ist. - Fortin, dem es auf den Nachweis der Abhängigkeit von Porphy-
    rius für ep. 137 ankam, hat sich mit dem Vokabular der coniunctio
    nicht beschäftigt.
114 Ich zitiere den Text von G.F. Diercks, CC 4 1972, behalte aber die al-
    te Paragraphenzählung bei, die bei Diercks in Klammern erscheint, um
    die Benutzung von Weyer zu erleichtern: Novatianus, De trinitate.

bleibt) und dem der "Gemeinschaft" (associatio etc.)[115]. Novatian setzt sich wie Tertullian mit der christologischen
Konsequenz der ausdrücklichen Identifikation von Vater und
Sohn auseinander: daß Jesus homo nudus et solitarius, homo
tantum sei (XI 56). Er ist vielmehr nach den Schriften auch
Gott, divinitate sermonis in ipsa concretione permixta[116]
(ibid.). XIII 68: per connexionem mutuam et caro verbum dei ge-
rit et filius dei fragilitatem carnis assumit. XIV 73: (Adam)
non est ex verbi et carnis coniunctione concretus. XV 81: homo est enim cum deo iunctus, et deus cum homine copulatus.
XXI 1,23: utrumque ergo in Christo confoederatum est et utrumque coniunctum est et utrumque connexum est. ... pignerata
in illo divinitatis et humanitatis videtur esse concordia ...
in se deum et hominem sociasse reperitur. - Ganz ähnlich XIII
67 (Ende) und XXIII 134. XXIV 135: Der Irrtum der Häretiker
scheint daher zu kommen, daß sie die Titel Gottessohn und
Menschensohn[117] nicht unterscheiden, ne facta distinctione
et homo et deus Iesus Christus facile comprobetur. XXIV 138:
dei filius ... sanctum istud assumit et sibi filium hominis
annectit et illum ad se rapit atque transducit[118], connexione
sua et permixtione sociata (sociatum?) praestat et filium illum dei facit. Cf. 139 (Ende) und 142. - XXIV 139: Die Worte
des Verkündigungsengels machen die Sache ganz klar, non sic
cuncta confundens ut nullum vestigium distinctionis colloca-
rit, gibt er die Unterscheidung an, damit er die Sache nicht
in confuso permixtam zurückläßt. - Aus dem Vergleich dieser
Formulierung mit in concretione permixta von XI 56 ergibt
sich, daß permixtio wohl der allergemeinste Ausdruck für per-

---

Über den dreifaltigen Gott, hrsg. und übers. von H. Weyer, Darmstadt
1962.

115 s. die Liste bei Weyer p. 84 n. 53. - Die Vorläuferschaft zu Nestorius, von der in dieser Anmerkung gesprochen wird unter Berufung auf
ältere Autoritäten, ist Ausdruck einer historisch unhaltbaren Betrach-
tungsweise; man hätte aus der Verwandtschaft eher schließen müssen,
wie alt die Tradition ist, in der Nestorius steht.

116 Für concretio = κρᾶσις s. Grillmeier l.c. p. 255 mit n. 77 unter Berufung auf Cantalamessa.

117 "Menschensohn" wird wie üblich wörtlich verstanden und meint den
menschlichen Aspekt Christi.

118 Diese sehr interessante Stelle sollte es unmöglich machen, abwertend
von einer bloß moralischen Einheit in Christus zu sprechen.

mixtio-concretio-confusio ist und daß durch Beifügung von
concretio oder negierter confusio das Richtige zu treffen ist.
- XXIV 140: ac sic facta est angeli voce ... inter filium dei
hominisque cum sua tamen sociatione distinctio. Die Fortsetzung stellt die Begriffe zusammen wie 123 und 134, zu ihnen
gehören in dieser Passage auch contextum und concretum.

Für den trinitarischen Bereich wird nur ein Ausschnitt aus
diesem Vokabular verwendet; er umfaßt "Gemeinschaft", "Übereinstimmung" und "Unterscheidung". Dagegen werden die eigentlichen Mischungsausdrücke permixtio (μῖξις) und concretio
(κρᾶσις) nicht benutzt, was kaum Zufall ist; im Unterschied
zu Tertullian (und anderen von uns behandelten Quellen) findet man trinitarisch aber auch nicht coniunctio (συνάφεια).
Hinter der eindrucksvollen systematischen Leistung Tertullians,
die eben darin bestand, das Problem trinitarischer und christologischer Einheit als eins zu sehen, bleibt Novatian zurück. Als einziger Ausdruck für das trinitarische Eine erscheint unum (wie Tertullian insistiert Novatian auf dem neu-
trischen genus), aber nicht una substantia. Die einzige Stelle, aus der man Einheit der Substanz herauslesen könnte, ist
XXXI 192 substantiae communionem[119]; aber angesichts von:
XXXI 183 der Sohn in substantia prolatae a deo virtutis ag-
noscitur und 186 ex patre processit, substantia scilicet il-
la divina, cuius nomen est verbum, bin ich mir nicht so sicher; XVI 94: in substantia fuit Christus ante mundi institu-

---

119 cf. Weyer zur Stelle. - R.J. DeSimone, The treatise of Novatian the
Roman presbyter on the trinity. A study of the text and the doctrine
(Studia ephemeridis "Augustinianum" 4), Rom 1970, stellt die allgemeine These auf (p. 100): "These ancient Christian writers maintained
that the Son has the same substance as the Father" und wiederholt
sie fast wörtlich etwas später (p. 119). Freilich muß er p. 106 unter Berufung auf Simonetti (Festschrift A. Monteverdi 1959) feststellen: "Unfortunately, in his doctrine of the Son as image of the Father, observes Simonetti, Novatian failed to develop the concept of
substantial unity that he had explicitly stated in the obscure passage of ch. 1" (lies 31) ": ... a quo solo (sc. Patre) haec vis divinitatis emissa, etiam in Filium tradita et directa, rursum per substantiae communionem ad Patrem revolvitur". Bei der Besprechung der
termini, die die Beziehung zwischen Vater und Sohn beschreiben (p.
133-135), erklärt DeSimone die Einheit beider für eine rein moralische; substantiae communio bedeute "a generic moral unity" (p. 135).
Das trifft den Sachverhalt überhaupt nicht.

tionem, scheint mir dafür zu sprechen, daß substantia den
Sinn von konkreter Existenz und nicht von Wesen hat, was auch
auf die beiden anderen Stellen passen würde. 192 wäre dann
so zu deuten, daß die substantia Sohn Gemeinschaft mit dem
Vater hat, wie es die gleich folgenden Passagen ausdrücken.
Während die Paragraphen 183. 186. 192 in jenem Teil von De
Trinitate stehen, in dem sich Novatian gegen den Vorwurf einer Lehre von zwei Göttern zu verteidigen hat, handelt es
sich in einem früheren Teil der Schrift (c. XXVI - XXVIII)
um die Unterscheidung der Personen der Trinität gegenüber
der unhaltbaren Identifikation von Vater und Sohn. Joh. 10,
30, die Grundstelle für die Identifikation, ist vielmehr so
zu lesen, XXVII 148: proprietatem personae suae, id est filii a paternae auctoritate discernit atque distinguit, non
tantummodo de sono nominis, sed etiam de ordine dispositae
potestatis. 149: unum enim neutraliter positum societatis
concordiam, non unitatem personae sonat. ... nec ad numerum
refertur, sed ad societatem alterius expromitur. 150; unum ...
ad concordiam et eandem et ad ipsam caritatis societatem pertinet, ... unum ... per concordiam et per amorem et per dilectionem ... manente tamen distinctione. 151: Diese unitas
concordiae kennt auch Paulus mit der distinctio personarum,
aber das Zitat, das Novatian bringt: 1. Kor. 3,6-8, betrifft
zwei Menschen, nämlich Paulus und Apollo, sie haben eine Meinung, eine Wahrheit, einen Glauben, sie sind eins, während
sie dasselbe wissen. Man kann keine Spur davon entdecken,
daß Novatian das Beispiel vielleicht als nicht ganz adäquat
empfände[120].

---

120 Das neutestamentliche Beispiel meint nun in der Tat die "moralische
    Einheit", von der DeSimone in der vorigen Anmerkung spricht; aber
    das Beispiel ist eben nur für "Gemeinschaft der Gesinnung" und für
    Unterscheidung der Personen brauchbar. Paulus und Apollo verbindet
    weder das Verhältnis der Unterordnung, noch ist einer von beiden aus
    dem anderen hervorgegangen, wie der Sohn aus dem Vater (cf. n. 122);
    der Vergleich ist also nur partiell und darf nicht zu falschen Fol-

V

Es scheint so zu sein, daß von den beiden Varianten der
ἀσύγχυτος ἔνωσις die "breitere" nicht auf die Trinität Anwendung findet, daß also μῖξις und κρᾶσις, die eigentlichen "Mischungsvokabeln", nicht zur Beschreibung der Einheit der drei
trinitarischen Personen herangezogen werden, auch dann nicht,
wenn man in der Christologie an "Mischung" keinen Anstoß
nimmt. Im christologischen Gebrauch läßt sich bei manchen Autoren eine Entwicklung von der "breiteren" Variante zur strengeren feststellen, in der nur noch συνάφεια (bzw. die latei-
nischen Äquivalente dazu) als ἀσύγχυτος ἔνωσις zugelassen ist,
wobei man vielleicht eine Tendenz beobachten kann, daß sich
ἀσύγχυτος ἔνωσις verselbständigt (so etwa bei Leo I. von Rom;
bei den Philosophen ist Proklus ein Beispiel dafür)[121]. Die
bewußte Gleichbehandlung von Trinitätslehre und Christologie
durch Tertullian in Adversus Praxean muß der Grund dafür sein,
daß er nicht mehr von mixtio in Christus spricht, da trinitarisch offensichtlich so nicht geredet werden konnte. Daß
Novatian trinitarisch nicht einmal συνάφεια verwendet, ist
ein Hinweis darauf, daß ihm an der Gleichbehandlung nicht so-
viel liegt wie Tertullian; die christologische Einheit wird
bei ihm viel deutlicher als die trinitarische[122]. Wenn Leo I.

---

gerungen verleiten.

121 Das bisher besprochene Material erlaubt folgende Schematisierung der
möglichen Verwendungen des Vokabulars:
a) συνάπτω = ἑνόω
b) συνάπτω = ἀσυγχύτως ἑνόω
    συνάφεια
c) μῖξις ——⟍
          ⟍= ἀσύγχυτος ἔνωσις
   κρᾶσις ——⟋
d) ἀσύγχυτος ἔνωσις (mit "vergeistigten" Spuren von κρᾶσις).
Diese Aufzählung darf nicht eine zeitliche Folge der Entstehung sug-
gerieren.

122 Der unus deus ist bei Novatian der Vater: XXXI 187 et merito ipse est
ante omnia, sed post patrem, quando per illum facta sunt omnia, qui
processit ex eo, ex cuius voluntate facta sunt omnia, deus utique
procedens ex deo, secundam personam efficiens post patrem, qua filius,
sed non eripiens illud patri, quod unus est deus. 189 (Der Sohn) ...
patri suo originem suam debens discordiam divinitatis de numero duo-
rum deorum facere non potuit, qui ex illo qui est unus deus originem

sich gegen Nestorius wendet, gegen den er meint, die Einheit
Christi betonen zu müssen, benutzt er "Mischungsvokabeln",
aber gegen den naiven Monophysitismus des Eutyches erscheint
ihm die strengere Fassung der ἀσύγχυτος ἕνωσις angemessen.
Die Ablehnung der Christologie des Eutyches und seiner Anhänger ist auch der Grund dafür, daß der Monophysit Philoxenus
auf dem ἀσυγχύτως beharrt, obwohl er mit seiner κρᾶσις zu den
Vertretern der anderen Variante der ἀσύγχυτος ἕνωσις gehört[123].

Betrachtet man die Vertreter der strengeren ἀσύγχυτος ἕνωσις,
also Tertullian, Basilius, Ambrosius, die Antiochener und Nestorianer, so kann man an Hand der Anlässe für die Verwendung
der Nomenklatur folgende Beobachtungen machen. Die ausdrück-
liche Identifizierung von Vater und Sohn im Interesse des Monotheismus, wie sie von Noet und Praxeas vorgenommen wurde,
ging über den naiven Modalismus[124], der, je nach Vorkommen
gewissermaßen, vom Vater oder vom Sohn als Gott sprach (ohne
Erwägungen über die Einheit Gottes angesichts dieses Sachver-
halts anzustellen), hinaus, richtete sich aber nicht gegen
ihn (obwohl dessen Vertreter in Verwirrung gestürzt wurden)[125], sondern gegen die Logostheologie, die den Sohn ausdrücklich vom Vater als ἕτερος τοῦ πατρός unterschied. Die
deutliche Empfindung, daß die monarchianische These falsch
sei, äußert sich zwar in den Sätzen der smyrnäischen Presbyter, die den Noet verurteilten[126]; aber die Wiederholung dessen, was sie "gelernt haben", reichte zur Widerlegung nicht
aus, denn jene These war ja ihrerseits im Interesse eines Mo-
tivs, das niemand vernachlässigen konnte, über das "Gelernte"
hinausgegangen. In Auseinandersetzung mit der und in Reaktion
auf die monarchianische These in ihrer trinitarischen und
christologischen Gestalt und unter ausdrücklicher Anerkennung

---

nascendo contraxit.
123 Liegt eine Beziehung zu Nemesius vor?
124 Ich benutze den terminus "Modalismus" faute de mieux; an sich ist mir
　　　das Wort für die gemeinten Äußerungen schon zu technisch (cf. ZKG 89,
　　　1978, p. 276 mit n. 21), daher die Näherbestimmung durch "naiv".
125 So die römischen Bischöfe, die Hippolyt deswegen attackiert.
126 Die smyrnäischen Sätze reagieren sowohl auf den monotheistischen An-
　　　spruch wie auf die patripassianischen Konsequenzen, (Ps.?) Hippolyt,
　　　Contra Noetum I 7, ed. Butterworth, London 1977, p. 45.

und Aufnahme von deren monotheistischer Motivation greift Tertullian zur Nomenklatur der συνάφεια = ἀσύγχυτος ἕνωσις. Er
widerlegt eine theologische Konstruktion mit einer anderen,
wobei er klar macht, daß für den Christen das Festhalten am
Monotheismus nicht von Gottes oikonomia absehen kann und daß
Aussagen über die Einzigkeit Gottes in ihrer Auswirkung auf
die Christologie zu bedenken sind[127]. Der innere Zusammenhang
der beiden Probleme gibt ihm die Berechtigung zur Verwendung
der gleichen Nomenklatur in Umdrehung. Aber ohne den monotheistischen Impetus der Gegner hätte er sich vermutlich nicht
gezwungen gesehen, eine Darstellungsweise zu suchen, die die
unter allen Umständen notwendige Einheit der Gottheit auszusagen imstande war, ohne daß er seine eigene Logostheologie
hätte aufgeben müssen[128].

Eine vergleichbare Konfrontation[128a] trat erst wieder[129] im
4. Jahrhundert auf, als der arianische Streit sich zu einer
Auseinandersetzung zwischen der Ein-Hypostasen- und Drei-Hy-
postasen-Theologie verschoben hatte[130]; im Stadium des Ausgleichs, dessen Ergebnis die neunicänische Theologie ist, waren es die Origenisten, die vor der Aufgabe standen, die Ein-

---

127 Das Problem taucht in anderer Fassung bei Markell von Ankyra und
     Photin wieder auf.

128 Hat die Differenz zwischen Novatian und Tertullian vielleicht ihren
     Grund darin, daß Novatian Monarchianer und Adoptianisten als zwei
     verschiedene Gruppen kannte, wogegen Tertullian den Zusammenhang von
     Trinitätslehre und Christologie an einer Person studieren konnte?

128a Was H. Lietzmann, Geschichte der alten Kirche II (Berlin 1936, seit-
     her nachgedruckt), p. 228 über die glücklichen Formulierungen Ter-
     tullians in Trinitätslehre und Christologie sagt, wird dem Problem-
     bewußtsein und den systematischen Fähigkeiten des Afrikaners nicht
     gerecht.

129 Der naive Modalismus und verschiedene Fassungen der Geistchristolo-
     gie, wie sie noch bis in die zweite Hälfte des 3. Jhdts. weiterleb-
     ten (Vertreter des ersteren ist der Bischof Heraclides, mit dem Ori-
     genes disputierte; ein Exponent der Geistchristologie Paul von Samo-
     sata), haben sich nicht polemisch mit der Logostheologie auseinan-
     dergesetzt, sondern wurden im Gegenteil von den Logostheologen unter
     Feuer genommen. - Der Briefwechsel der beiden Dionyse (von Rom und
     Alexandrien), jenes "Vorspiel zum arianischen Streit", könnte als
     Gegenbeweis für diese These angeführt werden; doch diese Texte, so-
     weit sie erst bei den Kontrahenten des 4. Jahrhunderts zutage treten,
     scheinen mir in ihrem "Vorspiel"-Charakter zu perfekt zu sein, zu
     sehr sind die Probleme und Vokabeln die der daran möglicherweise In-
     teressierten, als daß sich nicht einiger Verdacht an ihrer Echtheit
     rühren könnte. Das bedarf weiterer Untersuchung.

130 s. Theologie und Philosophie 54 (1979) p. 41 ff.

heit der drei Hypostasen auf eine befriedigendere Weise auszudrücken, als es ihnen bis dahin gelungen war. Wie waren die
drei Hypostasen eine οὐσία? συναφεια = ἀσύγχυτος ἕνωσις erscheint dem Basilius als Mittel, sich gegenüber dem Vorwurf
seiner Gesinnungsgenossen, er verfalle in "Sabellianismus"
(d.h. in die Lehre Marcells), ebenso zu schützen wie gegenüber dem entgegengesetzten einer Dreigötterlehre. Es ist also
wiederum die Herausforderung durch die Lehre von der Einheit
und Einzigkeit Gottes, deren Motiv als berechtigt anerkannt
wird, welche zur Darstellung einer Einheit mit innerer Unter-
scheidungsmöglichkeit führt[131].

In der Christologie sind die Vorgänge komplizierter. Um eine Übersicht zu gewinnen, beginnt man am besten bei Ambrosius.
Die christologischen Unterscheidungen stehen bei ihm in De fide ganz im Dienste der korrekten trinitarischen Beurteilung
des Sohnes; als bemerkenswerte Folge aus der Akzentuierung
seiner Göttlichkeit, die nicht von geringerer Art ist als die
des Vaters, ergibt sich die Bewahrung der menschlichen Natur
Christi sine inminutione. Genau das Gleiche gilt für die antiochenische und nestorianische Christologie, deren auslösendes
Motiv die durch nichts zu beeinträchtigende Göttlichkeit des
Sohnes ist, angesichts derer der neutestamentliche Befund es
erfordert, seine vollständige Menschlichkeit festzustellen,
da vom Gott Logos nicht "natürlicherweise" Menschliches ausgesagt werden kann. Vermutlich ist die antiochenische Unter-
scheidungschristologie in ihrem Ansatz antiarianisch; ihre
Argumente ließen sich aber sehr wohl gegen die apollinaristi-
sche Christologie und ihre Nachwirkungen (auf dem Wege über
unterschobene Athanasiana) bei Kyrill von Alexandrien verwer-
ten. Und in der Tat stellt die Dogmengeschichtsschreibung die
erstaunliche Nähe und Verwandtschaft der arianischen und apol-
linaristischen christologischen Konstruktion fest. Wie immer
es um einen möglichen biographischen Zusammenhang bestellt
sein mag (Apollinarius in seiner Jugend in arianischem Mi-
lieu?), so teilen Arius und Apollinarius eine notwendige Voraussetzung ihrer vom Logos her entworfenen Christologie: die

131 Auch μοναρχία wird positiv aufgenommen.

Unterscheidung des Logos als einer Hypostase vom Vater, sie
sind beide Vertreter einer Drei-Hypostasen-Trinität. Hier
muß jedoch sofort wieder auf die Differenz zwischen den beiden hingewiesen werden: an der neunicänischen Orthodoxie des
Apollinarius in der Trinitätslehre ist niemals ein Zweifel
laut geworden, ja wegen seiner freundschaftlichen Beziehungen
zu Athanasius schon seit den vierziger Jahren des 4. Jahrhunderts pflegt man ihn trotz seiner drei Hypostasen zu den Alt-
nicänern zu rechnen[132], sein Logos ist ja nicht wie der der
konsequenten Arianer dem Vater bis zur Unkenntlichkeit unter-
geordnet.

Der Anlaß für die Ausbildung der Christologie des Apollinarius kann nach meinem Urteil nur die Christologie des Photin
sein; die grundsätzliche Feindschaft der Vertreter der Drei-
Hypostasen-Theologie gegen die genuine Ein-Hypostasen-Theolo-
gie würde sich hier nun auf dem Gebiet der Christologie äußern. In unserm Zusammenhang ergibt sich die Frage, warum
Tertullian und Apollinarius angesichts der ähnlichen Problematik, vor die die Christologie des Praxeas und des Photin
sie stellte (Ablösung bzw. starke Verselbständigung des
menschlichen Aspektes Christi vom und gegenüber dem göttlichen als Folge äußerster Betonung der Einheit der Gottheit,
sei es in Gestalt der Identität von Vater und Sohn wie bei
Praxeas, sei es in Gestalt der einen Hypostase von Vater und
Sohn wie bei Markell und Photin), zu zwei so völlig verschiedenen Lösungen griffen. Die Differenz äußert sich u.a. darin,
daß Tertullian christologisch vom göttlichen Wesen des Sohnes
ausgeht[133], Apollinarius dagegen von dessen göttlicher Existenz. Man kann die christologische Konstruktion des Apollinarius auch als Versuch werten, das sich bei Tertullian of-
fenbarende grundsätzliche systematische Problem der trinita-
risch-christologischen Definition zu umgehen, das Problem
nämlich der Gleichbenennung sowohl des göttlichen Sohnes wie

---

132 Aber aus chronologischen und inhaltlichen Gründen sollte man ihn doch
    besser nicht als "Altnicäner" reklamieren, sondern eher seine Son-
    derstellung betonen. M. Tetz, Art. "Athanasius" in TRE 4 p. 341,43
    drückt sich neutraler aus: Vertreter der Drei-Hypostasen-Theologie
    im "unbestritten nizänischen Lager".
133 cf. Ambrosius.

des gottmenschlichen Inkarnierten als Person, wobei einmal
eine und zum andern Mal zwei Substanzen betroffen sind. Apollinarius versucht konsequent den menschlichen Aspekt Christi
in der Hypostase des Logos so unterzubringen, daß von zwei
Naturen nicht die Rede sein kann - mit welchen Folgen für die
menschliche Natur Christi, ist bekannt. Aber die Einheit, die
erreicht wird ist eine der (organisch-biologisch verstande-
nen) synthesis, auch wenn sie als eine ousia, physis oder hy-
postasis bezeichnet wird. D.h., daß auch bei Apollinarius die
christologische Hypostase einen anderen Gehalt hat als die
zweite trinitarische. Mit der zusammengesetzten Hypostase ver-
suchten es später auch die Neuchalcedonenser; der heftige Pro-
test der griechischen und syrischen nestorianischen Theologen
kann deutlich machen, daß man darin eine unerträgliche Beein-
trächtigung der Gottheit sah.

Die verschiedenartigen Begründungsversuche des Apollinarius
für seine Konstruktion einer einleuchtenden Einheit der Gestalt Christi, seien sie primär oder sekundär[134], beruhen auf
physikalischen (Ganzes und Teile) und biologischen Axiomen
(ein lebender Organismus kann nur ein Prinzip der Bewegung
haben), auf "natürlichen" also. Ist das nun besser als das
philosophisch-theologische Apathieaxiom, dessen Gebrauch man
den strengen Dyophysiten gerne zum Vorwurf macht? Immerhin
berücksichtigt das Apathieaxiom die Tatsache, daß es sich um
die Menschwerdung <u>Gottes</u>, des Gott Logos handelt, um etwas,
was über das "Natürliche" hinausgeht. Die kompromißlose Benutzung der Sprache der θεολογία in den theologischen Urtei-
len, aus denen die Christologie besteht, hat den unschätzba-
ren Vorteil, den irdischen Jesus der Evangelien auch für diese Sätze erhalten zu haben und uns damit heute noch einen Zu-
gang zur soteriologischen Bedeutung dieser irdischen Person
möglich zu machen. Die Konstruktion des einen Christus durch
Apollinarius nach Art des menschlichen Organismus dagegen hat
zur Folge, wie der Autor selber sagt (es handelt sich nicht
etwa um eine Konsequenzmacherei seiner Gegner), daß dieser
Christus nicht mehr wirklich menschlich ist.

---

134 Grillmeier l.c. p. 484.

Die Sprache der ἀσύγχυτος ἕνωσις, in der jede substantia
oder forma "tut, was ihr eigentümlich ist", bildet in der Christologie einen vollständigen Gegensatz zum Monenergismus[135] des
Apollinarius. Ihre Nomenklatur, von den Philosophen verwendet
zunächst auf den seelisch-geistigen Bereich, von dort übertragen auf den noetisch-göttlichen Bereich und zwar auf die
Relation des Einen zum Vielen, des Nous zu den Ideen, betrifft
in dieser Fassung dezidiert den Bereich des Unkörperlichen[136],
dessen, was nicht den Gesetzen der Physik unterliegt. Daher
ist sie als angemessen für die Verwendung in Trinitätslehre
und Christologie empfunden worden. Wie in der Trinitätslehre
ist sie auch in der Christologie benutzt worden, wenn man die
eigene Unterscheidungslehre gegen eine Einheitslehre verteidigen mußte, während man gleichzeitig das Anliegen der Einheit nicht vernachlässigen konnte, ohne doch die gegnerische
Artikulation desselben übernehmen zu können. Konfrontationen
dieser Art waren nicht ständig gegeben, was die ganz ungleiche
Streuung der Benutzung des Vokabulars erklärt. Prominenz für
die Dogmengeschichte hat es durch die Definition von Chalcedon gewonnen, in welcher man es mit Hilfe des Überblicks über
die Vorgeschichte etwas besser erklären kann als bisher.

Fortin stellt in seinem Oxford-Beitrag von 1959[137] über die
philosophischen Quellen der chalcedonensischen Definition gegen Schluß folgende Erwägung an[138]: "When Augustine proclaimed
the Neoplatonists 'able and acute men', 'the most esteemed
of the pagan philosophers', and the ones who were 'not unde-
servedly exalted above the rest in fame and glory', he may
very well have been suggesting that Christianity was indebted
to them for more things than he could prudently admit, as the
veiled presence of the Neoplatonic doctrine in the Christolo-
gical formula was to bear out a few years later. Even if these

---

135 Grillmeier p. 494.
136 cf. Proklus, Elementa theologica, Satz 176 und 197. - Die Elementa
    lassen erkennen, daß συναφή = ἕνωσις und ἀσύγχυτος ἕνωσις in verschie-
    denen Zusammenhängen gebraucht werden: συναφή kann Ausdruck für den
    Konnex der Seinsstufen untereinander sein, ἀσύγχυτος ἕνωσις prädiziert
    die Einheit auf einer geistigen Seinsstufe: im νοῦς, in der Seele.
137 s.o. n. 2.
138 p. 496 f.

observations should prove accurate, however,there is another
question which may be asked legitimately and which will bring
the problem into proper focus. To what extent are the position
of the Council of Chalcedon and that of Neoplatonism inter-
dependent and does the value of the one necessarily affect
the truth of the other? The question is not an idle one, for,
whereas the Chalcedonian doctrine is still regarded as a de-
finitive expression of the orthodox faith and may be used as
a yardstick to evaluate any new position in regard to the
Incarnation, philosophers in the main no longer accept the
Neoplatonic view according to which soul and body are united
hypostatically[139]. It may be felt perhaps that the subsequent
rejection of the Neoplatonic doctrine, assuming that it has
played an important part in the formulation of the Christian
dogma, will cast some discredit on the solution proposed by
the Council." Doch findet Fortin, man brauche dies nicht zu
fürchten angesichts der instrumentalen Funktion der "philosophischen Lehre." Im Blick auf das oben durchmusterte Material
ist Fortins historische Ableitung zu eng und zu kurzschlüssig
und die Fragestellung daher nicht treffend. Wenn es auch sicher richtig ist, daß Augustins christologische Verwendung
der ἀσύγχυτος ἔνωσις in der weiteren Fassung, d.h. unter Ein-

---

139 Aber ist die ἀσύγχυτος ἔνωσις von Leib und Seele bei Porphyrius eine
"hypostatische Union"? Offenbar geht diese Gleichung auf C. Couturier
zurück (formuliert aus Anlaß von Augustins ep. 137 in einem Augustin-
Aufsatz von 1954, s. Fortins Buch von 1959, p. 111 f.), und bei Couturier handelt es sich um eine Übernahme und Eintragung der üblichen
Bezeichnung für die in Chalcedon vorgetragenen Bestimmungen für christologische Einheit. Fortin l.c. p. 114 bietet selber folgende Rich-
tigstellung: Augustin, "on le voit, ne cherche pas à élaborer une
nouvelle théorie de l'homme sur le modèle de l'incarnation; il défend
simplement la possibilité de celle-si en faisant appel à une doctrine
de l'union de l'âme et du corps qu'il suppose admise par son adver-
saire." Porphyrius selber stellt eine hypostatische Union in der gleichen Schrift dar, von der Augustin abhängig ist, Dörrie p. 42 aus Nemesius: πάντα γὰρ τὰ συνιόντα εἰς μιᾶς οὐσίας ὑπόστασιν πάντως ἑνοῦ-
ται· πάντα δὲ τὰ ἑνούμενα ἀλλοιοῦται καὶ οὐ μένει, ἃ πρότερον ἦν,
ὡς ἐπὶ τῶν στοιχείων δειχθήσεται – das ist das genaue Gegenteil zu
einer ἀσύγχυτος ἔνωσις, deren entscheidendes Kennzeichen es ist, daß
ihre Bestandteile "bleiben" und sich nicht verwandeln. Man kann sich
daher nicht wundern, daß Kyrills ἔνωσις καθ' ὑπόστασιν bei den Antiochenern auf so heftigen Widerstand stieß. – Übrigens hätte ich
diese Stelle aus Porphyrius in meinem Aufsatz über Hypostasenformeln
in Theol. u. Philosophie 1979 anführen müssen, denn deutet sich hier

schluß der Mischungsstufen, auf den Porphyriustext zurückgeht, wo die Einheit von Leib und Seele so beschrieben ist, so ist das erstens keine von Augustin oft verwendete Argumentation; zweitens gibt es einige sporadische Belege dafür, daß Augustin die ἀσύγχυτος ἕνωσις auch für die Trinität kannte, d.h. daß er mit dem locus der Einheit der νοητά im Nous vertraut war; drittens ist Leo I. in seinen Formulierungen nicht nur von Augustin abhängig, sondern auch von Tertullian, evtl. von Ambrosius - und wahrscheinlich war ihm die Nomenklatur der ἀσύγχυτος ἕνωσις in allen Verästelungen überhaupt bekannt. Augustins Rühmungen der Neuplatoniker als eine kryptische Anspielung auf die christologische Verwertbarkeit der ἀσύγχυτος ἕνωσις zu deuten, ist eine nicht zu rechtfertigende Eisegese. - Was hier zu Fortins Oxforder Bemerkung gesagt worden ist, ist mutatis mutandis auch auf den eingangs erwähnten Aufsatz von Newton anzuwenden[140].

In der Anwendung der ἀσύγχυτος ἕνωσις auf die Einheit von Leib und Seele, wie sie Pophyrius vornimmt, kommt es darauf an, daß die Seele unbeeinträchtigt bleibt; ja Porphyrius "steht hier fest auf dem Standpunkt, daß die Seele sich nach Belieben vom Körper trennen kann"[141]. Zwar durchdringt die Seele den Leib, aber nicht umgekehrt - damit ist zu vergleichen, was Leo von Rom über das "Ineinander" von göttlicher und menschlicher Natur in Christus sagt, außerdem ist an die Betonung ihrer Untrennbarkeit zu denken. Aus all dem muß man schließen, daß abgesehen von den Fällen eindeutiger literarischer Abhängigkeit eines Schriftstellers vom Zetema des Por-

---

nicht die Möglichkeit einer Unterscheidung von οὐσία und ὑπόστασις an? Aber hätte Porphyrius im entsprechenden Fall von "einer Hypostase zweier οὐσίαι" sprechen können?

140 s.o. n. 7. Bei Newton ist die "neuplatonische Lehre von der hypostatischen Union" ja sogar zum Titel erhoben.

141 Dörrie p. 64 zum Text p. 63. Newton p.2 schreibt, abgesehen von dem unzutreffenden Begriff "hypostatic union", ganz richtig: "The hypostatic union theory which Fortin identifies in Augustine's Ep. 137 does not appear in his writings prior to this apologetic work; however, in his early understanding of this union between the soul and body one can recognize an underlying Neoplatonic dualism in which there is a detached relation of the soul to the body. This dualism is clearly developed as the hypostatic union theory in Ep. 137 where Augustine applies it to the divine and human in Christ."

phyrius es der topos von der ἀσύγχυτος ἕνωσις der νοητά im
Nous war, der aus analogen Anlässen nicht bloß in der Trinitätslehre, sondern auch in der Christologie benutzt wurde.
Gerade das Moment der unauflöslichen Einheit, auf das jene
Theologen achten mußten, die die innertrinitarische Unterscheidung der Personen oder die innerchristologische der Naturen nicht aufgeben wollten, war nur beim Rückgriff auf die
Einheit und Unterschiedenheit des Geistigen im Prinzip des
Geistes (νοῦς) gegeben. Beiläufig muß auch festgestellt werden, daß diese Gestalt der Lehre von Größen auf gleicher Seins-
stufe handelt, was sie für die neunicänische Trinitätslehre
besonders brauchbar macht (und Tertullian[142] wird dadurch
noch interessanter und eigenartiger[142a]), weil sie keine Sub-
ordination des Geeinten vorsieht. Christologisch erlaubte sie
das Festhalten an der Vollständigkeit der menschlichen Natur.
Daraus ergibt sich die Funktion dieser Nomenklatur im Chalcedonense: sie soll die Konnotationen einer der menschlichen
vergleichbaren Organeinheit, die der einen Hypostase Kyrills
von ihrer Herkunft her anhaften, ausbalancieren oder gar be-
seitigen[143]. Die vier berühmten Adverbien sind daher nicht
mit Harnack als bloß "kahl", "dialektisch" und "irreligiös"[144]
zu verurteilen, sondern sind ein Ausdruck für den göttlichen,
übermenschlichen Charakter der Einheit von Gott und Mensch in
Christus, deren Wunder für uns eben darin besteht, daß all
dies von einem gesagt werden kann, der gelebt und gelitten
hat wie wir.

Die Dialektik der Adverbien wird niemand leugnen, ja ihre
Dialektik wird durch die beiden Weisen der Vereinigung, der
göttlich-geistigen und der organisch-dynamischen, noch ein-

---

142 Für Novatian würde es meine oben ausgesprochene Vermutung verstärken,
     daß für ihn Vater, Sohn und Geist nicht eine Substanz sind.
142a Es lassen sich ja von Tertullian nicht nur zur subordinierenden Drei-
     Hypostasen-Theologie, sondern auch zur Theologie des Marcell Bezie-
     hungen herstellen.
143 In den Verhandlungen drängten die kaiserlichen Beamten auf die Ein-
     fügung der Adverbien mit dem Hinweis, daß dies die Meinung des rö-
     mischen Bischofs sei. - Über das Zustandekommen des Chalcedonense
     s. die vorzügliche Untersuchung von A. de Halleux, La définition
     christologique à Chalcédoine. Revue théologique de Louvain 7 (1976),
     p. 3 - 23. 155 - 170.
144 Lehrbuch der Dogmengeschichte II[4], Tübingen 1909, p. 397 f.

mal verdoppelt. Diese Dialektik, die man für ein höchst unbefriedigendes Ergebnis halten kann, spricht für die Kraft der göttlichen und menschlichen Wirklichkeit und Wahrheit, die gleichzeitig prädiziert werden sollen. In ihr wirkt nach der theologische Stachel des monotheistischen Anspruchs und das Skandalon des Irdischen, das göttlich sein soll. Muß es, wie gesagt, als ein Verdienst der Unterscheidungchristologie betrachtet werden, daß ihr griechisch-theologisches Insistieren auf der Unveränderlichkeit Gottes die menschliche Natur Christi als ein Theologumenon allen weitverbreiteten altkirchlichen christologischen Vergöttlichungstendenzen zum Trotz erhalten hat, so ist die Aufgabe heute entgegengesetzt, und die Voraussetzungen sind unvergleichlich viel schwieriger. Der Mensch Jesus ist uns in jedem Falle geblieben; und es kommt darauf an, von der Verbindlichkeit seiner Botschaft und der Autorität seiner Person angesichts des allgemeinen Atheismus so zu reden, daß es möglich wird, auf eine neue Weise von Gott zu sprechen.

BEIHEFTE ZUR ZEITSCHRIFT FÜR DIE NEUTESTAMENTLICHE
WISSENSCHAFT UND DIE KUNDE DER ÄLTEREN KIRCHE

Herausgegeben von Walther Eltester

Erich Grässer/August Strobel/Robert C. Tannehill/Walther Eltester

Jesus in Nazareth

Groß-Oktav. VIII, 153 Seiten. 1972. Ganzleinen DM 67,–
ISBN 3 11 004004 2 (Band 40)

Ulrich Wickert

Sacramentum Unitatis

Ein Beitrag zum Verständnis der Kirche bei Cyprian
Groß-Oktav. XII, 164 Seiten. 1971. Ganzleinen DM 61,–
ISBN 3 11 002424 1 (Band 41)

Alex-Dietrich Koch

Die Bedeutung der Wundererzählungen für die Christologie des Markusevangeliums

Groß-Oktav. XII, 217 Seiten. 1975. Ganzleinen DM 95,–
ISBN 3 11 004783 7 (Band 42)

Michael Wolter

Rechtfertigung und zukünftiges Heil

Untersuchungen zu Römer 5, 1–11
Groß-Oktav. VIII, 246 Seiten. 1978. Ganzleinen DM 62,–
ISBN 3 11 007579 2 (Band 43)

Ulrich Fischer

Eschatologie und Jenseitserwartung im hellenistischen Diasporajudentum

Groß-Oktav. VIII, 272 Seiten. 1978. Ganzleinen DM 62,–
ISBN 3 11 007595 4 (Band 44)

Preisänderungen vorbehalten

Walter de Gruyter Berlin · New York